Lea von dem Knesebeck

Wirtschaftsmodell Nachhaltigkeit

Wie können Nichtregierungsorganisationen sozialökonomische Prozesse beeinflussen?

Bibliografische Information der Deutschen Nationalbibliothek:

Die Deutsche Nationalbibliothek verzeichnet diese Publikation in der Deutschen Nationalbibliografie; detaillierte bibliografische Daten sind im Internet über http://dnb.d-nb.de abrufbar.

Impressum:

Copyright © Studylab

Ein Imprint der GRIN Verlag, Open Publishing GmbH

Druck und Bindung: Books on Demand GmbH, Norderstedt, Germany

Coverbild: GRIN | Freepik.com | Flaticon.com | ei8htz

Inhaltsverzeichnis

Abbildungsverzeichnis

1 Einleitung

„Der Staat schützt auch in Verantwortung für die künftigen Generationen die natürlichen Lebensgrundlagen und die Tiere im Rahmen der verfassungsmäßigen Ordnung durch die Gesetzgebung und nach Maßgabe von Gesetz und Recht durch die vollziehende Gewalt und die Rechtsprechung." Seit dem 15. November 1994 ist dieser Artikel 20a im deutschen Grundgesetz verankert (vgl. Umweltbundesamt 2015). Somit ist dem Umweltschutz und den damit verbundenen Aktivitäten Verfassungsrang verliehen worden. Insbesondere in Zeiten der schnellen Informationswege durch das Internet ist die Thematik rund um den Umweltschutz generationsübergreifend bekannt. Nun wird gerade die jüngere Generation sowie folgende durch ein unzureichendes Handeln der Politik und Wirtschaft zukünftig eine Umwelt vorfinden, die nicht zuletzt durch den Klimawandel schwere Schäden davongetragen haben wird. Ein aktuelles Beispiel der sichtbaren Betroffenheit liefern hierbei alle Aktivitäten rund um den G20-Gipfel[1] in Hamburg. Menschen allen Alters sowie einige Nichtstaatliche Organisationen treffen sich an öffentlichen Plätzen, um mit unterschiedlichen Aktionen, wie Demonstrationen, ein politisches Statement gegenüber den teilnehmenden Industrie- und Schwellenländern zu liefern. In diesem Zuge fordern sie zum Beispiel neue Schwerpunkte für die Themen des Gipfels, gerade in Bezug auf den Umweltschutz und die Ausbeutung der vorhandenen Ressourcen (vgl. Norddeutscher Rundfunk 2017). Dabei stellt sich die Frage, wer die globalen Herausforderungen, wie Umweltschutz, Armut oder Hunger bekämpfen kann oder soll und wie die Partizipationsmöglichkeiten dieser nichtstaatlichen Akteure sind.

In der Medienlandschaft wird Umweltschutz und eine *nachhaltige Entwicklung* häufig im gleichen Atemzug verwendet. Dabei gibt es in der Literatur verschiedene Ansätze darüber, inwiefern diese beiden Dimensionen zusammenhängen, was sie trennt und von wem sie zielführend definiert wurden. In diesem Zuge stellt sich die Frage, was Nachhaltigkeit genau als solche beinhaltet, über welche Erklärungen Einigkeit herrscht, was der Staat und die Ökonomie und die anderen Akteure damit

---

[1] Die Gruppe der 20 ist ein zentrales Forum zur internationalen Zusammenarbeit in Finanz- und Wirtschaftsfragen der führenden Industrie- und Schwellenländer (vgl. Presse- und Informationsamt der Bundesregierung 2017).

zu tun haben und weiter noch, welche Entwicklungen überhaupt als nachhaltig gelten. Wo ist dabei die Abgrenzung zum Umweltschutz? Diese Fragen gilt es als zu klären.

„Dauerhafte Entwicklung ist Entwicklung, die die Bedürfnisse der Gegenwart befriedigt, ohne zu riskieren, dass künftige Generationen ihre eigenen Bedürfnisse nicht befriedigen können." (Hauff 1987: 46). Dieser Satz des sogenannten *Brundtland Berichts* (1987) aus der Weltkommission für Umwelt und Entwicklung der Vereinten Nationen[2] gilt als prägende Definition des Begriffes der Nachhaltigkeit. Nachdem sich das Leitbild einer *nachhaltigen Entwicklung* etabliert hatte, wurde das Modell der eben genannten Generationengerechtigkeit im Zuge des Gipfels in Rio de Janeiro 1992 (Kapitel 2.2) noch um folgende drei Dimensionen erweitert: Es sollen soziale Gerechtigkeit, eine wirtschaftliche Leistungsfähigkeit und eine ökologische Tragfähigkeit, welche unabdingbar miteinander verflochten sind, in Einklang gebracht werden (vgl. Bundesministerium für wirtschaftliche Zusammenarbeit und Entwicklung 2017a).

Diese Arbeit befasst sich im Folgenden hauptsächlich mit der ökologischen Nachhaltigkeit und dem damit zusammenhängenden Umweltschutz. Dieser soll als ein Kriterium der Nachhaltigkeit hier eine übergeordnete Rolle spielen. Die Arbeit verfolgt das Ziel, einen Überblick darüber zu schaffen, was Nachhaltigkeit grundsätzlich bedeutet und was eine ökologische Ökonomie ist. Zusätzlich soll aufgezeigt werden, welche bisherig unternommenen politischen Entschlüsse und Beschlüsse es zu diesem Thema bereits gab. Im Anschluss soll analysiert werden, wie und von wem zukünftige auf dem Weg zur *nachhaltigen Entwicklung* beeinflusst werden können. So wird insbesondere untersucht, inwieweit Nichtstaatliche Organisationen (im Folgenden „NGOs" aus dem Englischen Non-Governmental Organization) im politischen Prozess eine Rolle spielen. Die daraus resultierende Forschungsfrage lautet demnach:

„Mit welchen Instrumenten und durch wen soll eine *nachhaltige Entwicklung* vorangebracht werden und welche Rolle spielen dabei NGOs?"

---

[2] Die Vereinten Nationen oder auch UN sowie UNO genannt sind ein zwischenstaatlicher Zusammenschluss von 193 Mitgliedstaaten, die gemeinsam vor dem Hintergrund zweier Weltkriege die Zusammenarbeit der „Völker der Vereinten Nationen" ohne Kriege sichern wollen (vgl. Bundeszentrale für politische Bildung 2011).

Die Relevanz und die Reichweite des Themas Nachhaltigkeit sind immens, daher ist aufgrund des Rahmens dieser Arbeit nur eine verkürzte Darstellung vieler inhaltlicher Punkte möglich. So soll darauf hingewiesen werden, dass in dieser Arbeit ausgewählte Vorgänge zwischen NGOs und der Politik national am Beispiel Deutschland, international mit Blick auf europäische Vorgänge sowie der Vereinten Nationen genutzt werden. Zunächst soll nun auf die Begrifflichkeiten und die Hintergründe einer Nachhaltigkeit bzw. der *nachhaltigen Entwicklung* eingegangen werden. In dem Zusammenhang werden auch die bisherigen politischen Prozesse auf dem Weg dahin sowie die vorherrschenden globalen Herausforderungen vereinfacht erläutert (Kapitel 2). Im folgenden Verlauf soll ein Überblick darüber geschaffen werden, wie ökologisch die Ökonomie ist, sein kann und inwiefern eine Vereinbarkeit von Umweltschutz in marktwirtschaftlichen Prozessen gegeben ist (Kapitel 3). Dies ist wichtig, da aus diesen Theorien Rückschlüsse für das politische Geschehen gezogen werden können. Mit diesem gewonnenen Verständnis soll dann eine Analyse über alle Akteure der Gesellschaft und deren Einflussmöglichkeiten auf eine *nachhaltige Entwicklung* geschehen (Kapitel 4). Dabei soll ein Blick auf die generellen umweltpolitischen Instrumente geworfen werden, wie auf diese Einfluss genommen werden kann und vor allem durch wen. Im Weiteren folgt eine generelle Analyse über die Funktion von NGOs und welche Rolle sie im geschichtlichen Verlauf und in Bezug auf das (umwelt-)politische Geschehen eingenommen haben und einnehmen können (Kapitel 5). Diese Ausführungen sollen am Beispiel von Greenpeace vertieft werden (Kapitel 6). Insbesondere wird dabei auf die Struktur und die Ziele der Organisation, die Finanzierung, dessen Instrumente und Arbeitsweise sowie Erfolge und Defizite im Hinblick auf eine *nachhaltige Entwicklung* eingegangen. Zusätzlich soll ein kurzes Fallbeispiel die Möglichkeiten der Einflussnahme näher aufzeigen. Alle diese Bereiche sollen am Beispiel von Greenpeace die Chancen und Grenzen für die Einflussnahme auf die Umwelt- und Nachhaltigkeitspolitik und damit auch auf eine nachhaltige Zukunft darlegen.

2 Problematik, Bedeutung, Aktualität

Wenn von Nachhaltigkeit als solcher gesprochen wird, handelt es sich es sich zuerst einmal um einen Zustand. Was allerdings untersucht werden soll, ist wie unsere Gesellschaft und das ganze Handeln nachhaltiger werden kann und insbesondere durch wen. Der Unterschied zwischen Nachhaltigkeit und der schon erwähnten *nachhaltigen Entwicklung* liegt darin, dass es sich bei letzterem um einen Prozess, bzw. um eine Dynamik handelt. Diese Feststellung lässt sich auch durch eine sehr einfache, aber aussagekräftige, Gleichung formulieren:

„Nachhaltigkeit = Umwelt + Entwicklung" (Pufé 2014: 43).

Hier spiegelt sich auch wieder, wie verflochten die Thematik ist und dass die Umwelt als Faktor für eine *nachhaltige Entwicklung* mit einbezogen werden muss (vgl. Pufé 2014: 42f.). *Holger Rogall* beschreibt in seinen Darstellungen über eine Ökonomie der Nachhaltigkeit die Abhängigkeiten wie folgt:

> „Eine *nachhaltige Entwicklung* strebt neben der internationalen Gerechtigkeit für heutige und künftige Generationen hohe ökologische, ökonomische und sozial-kulturelle Standards in den Grenzen des *Umweltraumes* an. Dabei kommt der ökologischen Dimension – und damit der Umweltpolitik – eine Schlüsselrolle zu, denn die natürlichen Lebensgrundlagen begrenzen die Umsetzungsmöglichkeiten anderer Ziele (Umwelt als limitierender Faktor). Die natürlichen Voraussetzungen des Lebens auf der Erde sind nicht verhandelbar." (Rogall 2004: 27).

Zu diesem Schluss ist er aus dem Grund gekommen, da das menschliche Leben und Wirtschaften ohne „intakte Naturgrundlagen" schlichtweg nicht möglich ist (vgl. Rogall 2004: 27).

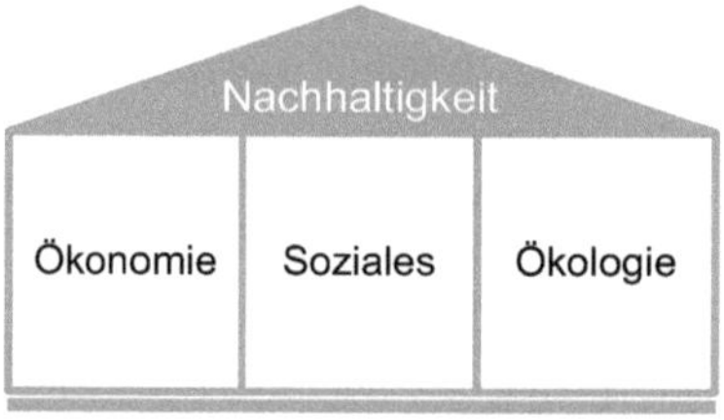

Abb. 1: Drei-Säulen-Modell der Nachhaltigkeit
Datenquelle: Pufé 2014: 118, eigene Darstellung

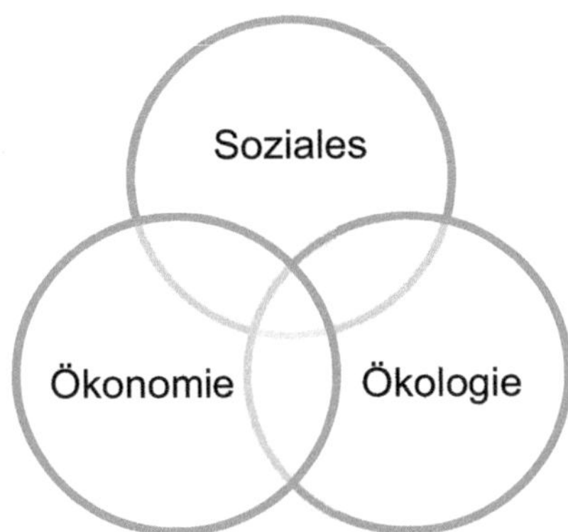

Abb. 2: Dreiklangmodell der Nachhaltigkeit
Datenquelle: Pufé 2014: 121, eigene Darstellung

Dieser Ansatz erklärt auch, warum das *Drei-Säulen-Modell der Nachhaltigkeit* (Abb. 1) oder auch das *Dreiklangmodell der Nachhaltigkeit* (Abb. 2) eine nicht systemische Sicht darstellt und in der Problemdarstellung eine Art Gleichberechtigung der Dimensionen Umwelt, Gesellschaft und Ökonomie aufzeigt. Dagegen stützt eine systemische Sicht (Abb. 3) vielmehr die Aussage *Rogalls*, da eine Gesellschaft und ihre Ökonomie nur im intakten Umweltsystem, also der Ökologie als Grundlage, agieren und funktionieren können.

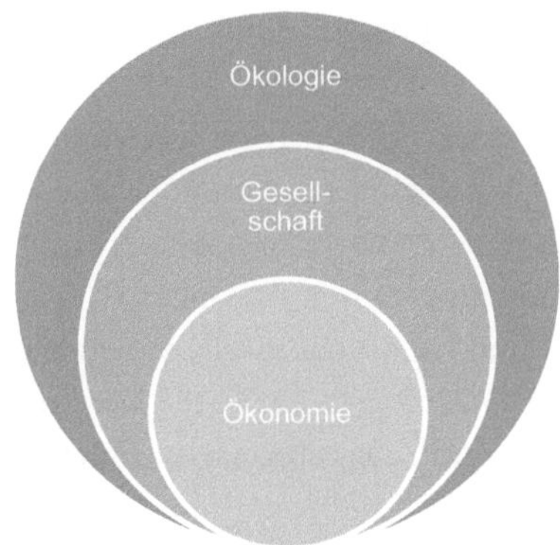

Abb. 3: Systemische Sicht der Nachhaltigkeitsdimensionen
Datenquelle: Clement/ Kiy/ Terlau 2013: 723, eigene Darstellung

Unter diesem Aspekt der Verflechtung wird auch deutlich, wie sehr sich alle globalen Herausforderungen – gegeben durch Abhängigkeiten und Wechselwirkungen innerhalb der Systemdimensionen – gegenseitig beeinflussen und doch der Ökologie untergeordnet sind.

2.1 Globale Herausforderungen

War die Weltbevölkerung im 17. Jahrhundert noch etwa 500 Millionen Menschen groß, im 18. Jahrhundert dann bei etwa einer Milliarde Menschen, so ist sie im Jahr 1950 auf bis zu 2,5 Milliarden Menschen gewachsen (vgl. Pufé 2014: 1). Schließlich wurde 2011 die 7-Milliarde-Menschen-Marke überschritten – bei dieser Bevölkerungsexplosion drängt sich die Frage auf, wie viele Menschen die Erde überhaupt erträgt (vgl. United Nations 2017). Dem gegenüber steht ein Bedürfnis nach zumindest dem Erhalt des Lebensstandards oder besser noch einer Verbesserung der Lebensqualität. Beides verlangt stark herunter gebrochen ein Wachstum der Wirtschaft. Wirtschaftliches Wachstum fordert in den meisten Fällen eine stärkere Ressourcennutzung und kann zusätzlich den Treibhauseffekt verstärken, welcher den Klimawandel wiederum fördert. Auf der ökonomischen Ebene stehen Herausforderungen, wie die Gewährleistung von Grundbedürfnissen an Gütern, sowie Preisniveaustabilität oder eine angemessene Verteilung der Einkommen. Zu den soziokulturellen Herausforderungen zählen soziale Sicherheit, wie zum Beispiel die Verringerung von Armut, Krankheit, Welthunger, Bildungsdefiziten, generelle Chancengleichheit und der Schutz der menschlichen Gesundheit zum Beispiel auch durch das Zur-Verfügung-stellen von sauberem Trinkwasser. Auf der ökologischen Ebene steht der Schutz der Erdatmosphäre, was bedeutet, dass die Emissionen um ein Vielfaches gesenkt werden müssen, damit die Treibhausgase den Klimawandel nicht noch weiter beschleunigen. Der Klimawandel kann die Zunahme von Naturkatastrophen, das Schmelzen des Eises an den Polen und die Erhöhung des Meeresspiegels sowie die Ausbreitung von Wüsten und Dürregebieten und damit den Rückgang der Ernteerträge fördern. Zusätzlich zum Klimawandel müssen die natürlichen regenerativen und auch nicht-regenerativen Ressourcen nachhaltig genutzt werden, denn auch die Übernutzung dieser unterstützen die Klimaveränderungen. Zudem ist der Erhalt der Arten- und Landschaftsvielfalt anzustreben (vgl. Pufé 2004: 24; Clement/ Kiy/ Terlau 2013: 722; Rogall 2004: 23). Über oder neben diesen Herausforderungen steht zusätzlich noch, dass eine Generationengerechtigkeit gewährleistet sein sollte, das heißt, dass spätere Generationen nicht durch das politische, ökonomische und soziale Vorgehen der heutigen Generation beeinträchtigt werden sollten.

Die Komplexität und Verbundenheit dieser Probleme zeigt noch mehr, dass die Gesellschaft zum Stemmen der Bedürfnisse kein reines wirtschaftliches Wachstum begehren sollte, sondern viel mehr eine *nachhaltige Entwicklung*, also ein nachhaltiges Wachstum oder sogar eine nachhaltige Verbesserung der gesamten Lebensbedingungen wünscht. Im Anschluss stellt sich also die Frage, was sich in der Politik und Gesellschaft zum Leitbild Nachhaltigkeit in diesem Zusammenhang verändert oder bewegt hat und wie diese Herausforderungen behandelt wurden und werden können.

2.2 Meilensteine einer nachhaltigen Bewegung

Die folgenden Ereignisse sollen einen Überblick darüber verschaffen, wie unsere Gesellschaft zu dem heutigen Nachhaltigkeitsverständnis gekommen ist. Der ursprüngliche Begriff der Nachhaltigkeit stammt noch aus der Forstwirtschaft aus dem 18. Jahrhundert – das geforderte Prinzip war ganz einfach: den Wäldern darf nur so viel Holz entnommen werden, wie auch gleichzeitig nachwachsen kann, demnach müssen auch Bäume im Gegenzug zum Abholzen nachgepflanzt werden (vgl. Luks 2002: 20). Das natürliche und regenerative System soll also so genutzt werden, dass dessen wesentlichen Eigenschaften erhalten bleiben und der Bestand auf natürliche Weise nachwachsen kann. Die Metapher, die sich daraus bilden lässt, spiegelt auch genau die Generationengerechtigkeitsfrage wider: Wenn viel Wald schnell abgeholzt wird, hat man kurzfristig viele verfügbare Ressourcen, aber in den nächsten Jahren nur sehr wenig.

Nachdem es im 19. Jahrhundert eher um Gewinnmaximierung statt um die Einbeziehung der Natur in die Entscheidungsprozesse ging, gab es dann um 1970 eine Bewegung in Richtung einer *nachhaltigen Entwicklung*. 1972 führten *Donella* und *Dennis Meadows* in ihrer Studie *The Limits of Growth* schlagartig eine neue Sichtweise über die Entwicklung der Weltwirtschaft ein und zeigten damit erstmalig auf, in welche Richtung das ressourcen- und emissionsintensive Wirtschaften führen kann.

> „Stell dir vor, du entdeckst eines Tages auf deinem Gartenteich eine Seerose. Du freust dich an ihrer wunderbaren Blütenpracht, weißt andererseits, dass diese Pflanze stark wuchert und ihre Blattfläche jeden Tag verdoppelt. Wenn sie ungehindert wächst, werden ihre Schwimmblätter eines Tages den gesamten Teich bedecken. Dann werden sie in kurzer Zeit alle anderen Lebensformen ersticken. Die Seerose scheint freilich in den folgenden Tagen und Wochen ziemlich zierlich und harmlos zu bleiben. Du machst dir keine großen Sorgen. Im Gegenteil, du freust dich an ihrer wachsenden Pracht. Am 29. Tag stellst du plötzlich fest, dass ihre Blätter die Wasserfläche des Teiches zur Hälfte bedecken. Wie viel Zeit bleibt dir noch, um den Teich zu retten?" (Meadows et.al. 1972: 20f.).

Es bleibt noch genau ein Tag, um den Teich zu retten; bezogen auf den Willen nach großem Wachstum der Industriegesellschaft, stellt sich die Frage, wie lange das Verhalten noch tragbar ist, ohne kostenintensive Reparaturversuche oder gar den kompletten Verlust einer Art oder einer Ressource zu riskieren. Dieser Bericht über die *Grenzen des Wachstums* zeigte anhand von modernen Computersimulationen, dass die Zunahme der Weltbevölkerung und das Wirtschaftswachstum zu einer großen Bedrohung unseres Umweltsystems und somit auch zu einer Bedrohung für unsere Umwelt als Rohstoff führen. Während sich also die Nachhaltigkeit zu einem entscheidenden Begriff entwickelte, wurde 1983 eine neue Sachverständigenkommission von den Vereinten Nationen gegründet, die World Commission in Environment and Development (WCED). Hier sollte, ähnlich wie in *Meadows* Werk, ein Perspektivbericht über eine dauerhaft tragbare und umweltfreundliche Entwicklung im Weltmaßstab bis zum Jahr 2000 vorgelegt werden. Aus dieser Kommission stammte dann der Bericht *Our Common Future* (1987), der später unter dem *Brundtland-Bericht* bekannt wurde. Diesen Namen erhielt er von der Vorsitzenden der Kommission *Gro Harlem Brundtland*. Dieses Werk lieferte die schon in der Einleitung genannte geläufige Definition von einer *nachhaltigen Entwicklung*, welche als eine Handlungsempfehlung für eben jene Entwicklung gelten soll. Der Öffentlichkeit wurde damit die Thematik erstmals nähergebracht und konnte einen Beitrag zu der Einsicht leisten, dass aus dem Streben nach Wirtschaftswachstum und steigendem Konsum auch wachsende Umweltprobleme resultieren (vgl. Pufé 2014: 37-42).

Eine erste Umweltkonferenz gab es bereits 1972 in Stockholm. Die Konferenz der Vereinten Nationen über Umwelt und Entwicklung (UNCED) im Jahr 1992 in Rio de Janeiro war jedoch auf Grund der Größe wesentlich bedeutender. Das erste Mal wurde in zwölf Tagen mit Teilnehmern aus 178 Staaten, davon auch 2.400 Vertreter von NGOs und weiteren 2.400 Teilnehmern über ein NGO-Forum. Dieser Konferenz folgte die Etablierung von Nachhaltigkeit als Entwicklungsziel der Menschheit. Besiegelt wurde dieses mit der Unterzeichnung von sechs Dokumenten, die eine juristische Verankerung von Nachhaltigkeit ermöglichten, das zentrale Ergebnis dieser Dokumente war die sogenannte *Agenda 21*. Dieses Programm fordert eine neue Entwicklungs- und Umweltpartnerschaft zwischen den Entwicklungs- und Industrieländern (vgl. Pufé 2014: 48-51). Bestandteile sind dabei Ziele wie ein nachhaltiges Management für die Rohstoffe Wasser, Boden und Wald. Aber auch die Reduzierung der Emissionen sowie die Bekämpfung der Armut. Die 172 Teilnehmerstaaten haben sich hierin verpflichtet, nationale Nachhaltigkeitsstrategien auszuarbeiten – Deutschland hat daraufhin den Umweltschutz 1994 in das Grundgesetz aufgenommen (Kapitel 1). Im Jahr 2002 wurde die Strategie *Perspektiven für Deutschland* vorgestellt, dessen Leitlinien Generationengerechtigkeit, Lebensqualität, sozialer Zusammenhalt und internationale Verantwortung sind (vgl. Bundesministerium für wirtschaftliche Zusammenarbeit und Entwicklung 2017b). In der dritten Klimakonferenz der Vereinten Nationen in Kyoto 1997 wurden dann erstmals rechtlich verbindliche Ziele für Emissionshöchstmengen für die Industrieländer festgelegt (vgl. Bundesministerium für Umwelt, Naturschutz, Bau und Reaktorsicherheit 2017b). Da das sogenannte Kyoto-Protokoll 2015 auslief, wurden bei der 21. Klimakonferenz der Vereinten Nationen in Paris 2015 neue Reduktionsziele besprochen und es wurde beschlossen, die Erderwärmung auf maximal 2°C zu begrenzen (vgl. Bundesministerium für Umwelt, Naturschutz, Bau und Reaktorsicherheit 2017a).

Zuletzt seien die Millennium-Entwicklungsziele von 2000 genannt, die von den Vereinten Nationen, der Weltbank, der Organisation für wirtschaftliche Zusammenarbeit und Entwicklung (OECD) und mehreren NGOs formuliert wurden. Insgesamt 189 Mitgliedsstaaten unterzeichneten die zur Armutsbekämpfung, Friedenserhaltung, Demokratie und Umweltschutz verpflichtende Erklärung (vgl. Pufé 2014: 56).

Wie das letzte Kapitel zeigen konnte, hat die Leitidee einer nachhaltigen Zukunft nicht nur an Präsenz in der Öffentlichkeit dazu gewonnen, sondern auch viele Regierungen und insbesondere die Vereinten Nationen haben die Problematik aufgegriffen und damit begonnen, nach langfristig ökologisch, ökonomisch und sozial effizienten Lösungen zu suchen. Im Folgenden soll ein Überblick darüber gegeben werden, wie sich Theoretiker im Gegensatz dazu eine ökologische Ökonomie unter sozialökonomischen Aspekten vorstellen und welche Strategiepfade aus dieser hervorgehen.

3 Theoretisch-wissenschaftlicher Hintergrund einer ökologischen Ökonomie

Die ökonomische Lehrmeinung hat einen großen Einfluss auf die Politik, aus ihr können Szenarien und Strategiepfade abgeleitet werden. Aus diesem Grund ist es sehr wichtig, sich einen Überblick darüber zu verschaffen, wie weit eine nachhaltige Ökonomie vorhanden ist. Hierfür müssen verschiedene Theorierichtungen unterschieden werden. In diesem Kapitel wird die Entwicklung von der neoklassischen Ökonomie hin zu der neoklassischen Umweltökonomie thematisiert. Bei dieser wird hauptsächlich eine ökologische Ökonomie untersucht, da hier die Natur als limitierender Faktor gesehen und davon ausgegangen wird, dass aus einer nachhaltigen Nutzung der Umwelt überhaupt langfristig eine *nachhaltigere Entwicklung* in soziokultureller und ökonomischer Dimension resultieren kann (vgl. Rogall 2004: 27).

3.1 Grundzüge der neoklassischen Ökonomie

Die neoklassische Ökonomie, oder auch Neoklassik genannt, entwickelte sich Ende des 19. Jahrhunderts und stellt eine wirtschaftsliberale Position dar. Sie gilt als allgemein herrschende Wirtschaftsschule, verbunden wird sie mit Vertretern, wie *Alfred Marshall, Leon Walras* und *William Jevons.* Sie folgte der klassischen Ökonomie, in dessen Mittelpunkt die Erklärung der Preise von Gütern und die Verteilung dieser stand – wichtige Vertreter waren zum Beispiel *Adam Smith* und *Jean-Baptiste Say.* Ausgangspunkt der Neoklassik ist das Modell der vollständigen Märkte, in diesen stellen Tauschprozesse von allen verfügbaren Produktionsfaktoren und Gütern eine optimale Verteilung dar. Im neoklassischen Modell wurde zum einen das Menschenbild des *homo oeconomicus* angenommen, das besagt, dass alle Individuen, also Konsumenten und die Unternehmen, streng eigennutzstrebend bzw. gewinnmaximierend handeln. Zum anderen wird davon ausgegangen, dass Tauschakte der gleichberechtigten, rationalen und mit vollständigen Kenntnissen ausgestatten Teilnehmer des Marktes immer zum Optimum der Tauschpartner führen.

Die neoklassische Ökonomie erklärt alle Wirtschaftsprozesse als Tauschprozesse auf dem Güter-, Arbeits- und Kapitalmarkt. Auf diesen Märkten stellt sich langfristig durch einen Preismechanismus ein Gleichgewicht von Angebot und Nachfrage ein. In dieser Theorie handelt es sich um eine geschlossene Wirtschaft, die sich nicht mit dynamischen Prozessen, wie einer Ressourcenverknappung, auseinandersetzt. So bietet der „geschlossene" Markt mit seinen Systemen und Prozessen keinen Mechanismus, der die Übernachfrage reguliert. Dieses Beispiel zeigt, dass eine Erweiterung des Modells nötig sein könnte. Auch die Vorstellung, dass jeder einzelne rein für sich gewinnmaximierend entscheidet, scheint mit einer *nachhaltigen Entwicklung* nicht vereinbar, da Individuen in Zeiten von Chancenungleichheit oder zum Schutz der Umwelt und Artenvielfalt nicht nur das eigene Optimum anstreben (vgl. Rogall 2011: 49-87).

Ein weiterer neoklassischer Begriff ist die Wohlfahrt, aus dem die Wohlfahrtstheorie entstammt. Der Begriff wird als ein Maß der Befriedigung materieller und immaterieller Bedürfnisse verwendet, somit ist die Wohlfahrt auch beeinflusst durch die Bildungs-, Gesundheits- und Umweltsituation einer Gesellschaft. Daraus resultiert, dass im Mittelpunkt der Wohlfahrtstheorie die Idee steht, dass es durch Ressourcenübernutzung zu einer Fehlallokation durch Marktversagen kommen kann. Die Wohlfahrtstheorie untersucht demnach die Messung der ökonomischen Wohlfahrt sowie öffentliche Güter und externe Effekte (Kapitel 3.2) (vgl. Springer Gabler Verlag 1993: 3853). Die Wohlfahrtstheorie gilt als theoretische Grundlage für die neoklassische Umweltökonomie.

3.2 Auszüge der neoklassischen Umweltökonomie

Die neoklassische Umweltökonomie entstand ähnlich dem schon erwähnten Umweltbewusstsein in Kapitel 2.2 in den 1970er Jahren. Unter anderem auch beeinflusst durch die Erdölpreiskrise 1973/74 begannen Theoretiker über eine effiziente Nutzung von natürlichen Ressourcen und den Umweltschutz in die Ökonomie nachzudenken, weil immer deutlicher wurde, dass die Märkte aufgrund verschiedener Faktoren keine Mechanismen dazu besaßen, dieses effektiv umzusetzen. Dieses aus der Fehlallokation resultierende Marktversagen wird in der Umwelt- bzw. Ressourcenökonomie durch mehrere Faktoren begründet, dazu gehören unter anderem die Öffentliche-Güter-Problematik, die Externalisierung sozialer Kosten und andere sozialökonomische Effekte (vgl. Rogall 2012: 65f.).

Die Öffentliche-Güter-Problematik soll Erklärungsansätze liefern, warum die meisten Umweltgüter, also natürliche Ressourcen, übernutzt werden. Per Definition zeichnen sich öffentliche Güter dadurch aus, dass sie Merkmale der Nicht-Rivalität und Nicht-Ausschließbarkeit in der Nutzung erfüllen.

> „Nicht-Rivalität bedeutet, dass Konsumenten in der Nutzung des Gutes durch andere Konsumenten nicht eingeschränkt werden können. Es ist unerheblich wie viele Individuen dieses Gut konsumieren. So wird kein Mensch, der saubere Luft einatmet, in seinem Nutzen durch ein weiteres Individuum eingeschränkt, welches diese im selben Augenblick auch genießt. Nicht-Ausschließbarkeit meint, dass der technische, rechtliche, politische und ökonomische Ausschluss von der Nutzung des Gutes unmöglich oder unverhältnismäßig aufwendig ist." (Clement/ Kiy/ Terlau: 715).

Natürliche Ressourcen wurden bislang wie öffentliche bzw. freie Güter behandelt; da sie lange ausreichend zur Verfügung standen und da die Nutzenden nicht in einer Rivalität standen oder gar ausschließbar waren, konnten die Rohstoffe unermüdlich den globalen Konsum stillen. Mittlerweile – insbesondere im Zusammenhang mit dem starken Bevölkerungswachstum – stellt sich heraus, dass die Umweltgüter doch Verwendungsrivalitäten unterliegen. Weil jene Umweltgüter doch nicht unerschöpflich zur Verfügung stehen, werden sie knapp, was sich allerdings nicht in ihrem Preis widerspiegelt. Denn nach den Regeln der neoklassischen Ökonomie müsste der Preis für ein knapp vorhandenes Gut sehr hoch sein, um den Bedarf zu zügeln. Letzteres ist in den vergangenen Jahren aber nicht reguliert worden, dieser Übernachfrage folgt also die schon genannte Fehlallokation (vgl. Rogall 2012: 75).

Zusätzlich zur irrtümlichen Behandlung von natürlichen Rohstoffen als öffentliche Güter könnte der Klimaschutz oder die Umweltqualität als öffentliches Gut angesehen werden – zum Beispiel trägt die Reduktion der Treibhausgase in einem Land zur globalen Verbesserung der Umweltqualität bei. Dabei wird weder dieses, noch irgendein anderes Land, von dem Nutzen ausgeschlossen und genauso rivalisiert der Nutzen des Landes mit dem Umweltschutz nicht mit dem Nutzen aller anderen Länder (vgl. Bardt 2011: 4f.). Die Problematik in diesem Fallbeispiel resultiert aus der Frage, wer nun für mehr Umweltqualität sorgen soll, damit alle profitieren.

Die Vielschichtigkeit zur Klärung dieser Frage zeigt sich durch zwei weitere sozial-ökomische Phänomene (Kapitel 3.2.1 und 3.2.2), die mit sogenannten externen Effekten von öffentlichen Gütern zusammenhängen. Externe Effekte sind positive oder negative Nebeneffekte, die beim Wirtschaften eines Akteurs entstehen. Positive externe Effekte erhöhen die Lebensqualität der anderen Akteure oder verschaffen ihnen Vorteile, ohne dass sie selbst etwas beitragen mussten, während negative externe Effekte die anderen Akteure benachteiligen, weil bei dem Wirtschaften des ersten Akteurs Kosten anfallen, die dann Dritte zahlen müssen. Angewendet auf die Ressourcenübernutzung oder das Emittieren von Treibhausgasen bedeutet das, dass durch das aktuelle umweltunfreundliche Wirtschaften der jetzigen Generation, Umweltkosten auf die späteren Generationen abgewälzt werden, weil diese später mit verbrauchten natürlichen Rohstoffen umgehen müssen. Aufgrund der Generationenungerechtigkeit kann man hier von nicht-nachhaltiger Externalisierung der Umweltkosten auf Dritte – spätere Generationen – sprechen (vgl. Rogall 2012: 67).

3.2.1 Trittbrettfahrersyndrom

Das sogenannte Trittbrettfahrersyndrom bezeichnet den Vorfall, in dem Wirtschaftsakteure, egal ob Konsumenten oder Unternehmen, versuchen, sich aus der kollektiven Finanzierung für eine umweltfreundliche und somit einer nachhaltigen Nutzung der natürlichen Ressourcen zu entziehen. Trotzdem können sie in der Öffentlichen-Güter-Problematik nicht von dem öffentlichen Gut, dem Umweltschutz, ausgenommen werden, da sie von den nachhaltigen Unternehmungen der anderen Akteure mit profitieren. Dieses Verhalten könnte mit der Situation verglichen werden, in dem ein Land Emissionsrückgänge der anderen Länder für das kollektive „Umweltwohl" fordert und dabei selbst keine umweltfreundlichen Aktionen plant (vgl. Rogall 2012: 78).

3.2.2 Gefangenendilemma

Das Gefangenendilemma aus der Spieltheorie – diese befasst sich mit der Modellierung von Entscheidungssituationen, in denen verschiedene Akteure sich gegenseitig beeinflussen; damit können wirtschaftliche, politische und soziologische Verhaltensweisen von Individuen in Gruppen untersucht werden. Sie beschreibt ein ähnliches Verhalten, wie das Trittbrettfahrersyndrom. Hier wird der Fall beschrieben, dass es für einzelne Akteure eine große Überwindung kostet, etwas für die Gesellschaft beizutragen, wenn es ihren eigenen Nutzen durch die entstandenen Kosten beeinträchtigt, sodass ein unterlassener Beitrag individuell ökonomisch sinnvoller wäre. Das bedeutet für den globalen Klimaschutz: Ein individueller Verzicht auf Umweltschutzmaßnahmen und -ausgaben ändert an den Umweltproblemen wenig und nur wenn alle Akteure ihre (finanzielle) Bereitschaft zum Umweltschutz erhöhen, lassen sich die vorherrschenden Probleme lösen. Da der individuelle, mit Kosten verbundene Einsatz also nur zum Erfolg führt, wenn alle anderen Akteure auch ihren Beitrag leisten, ist diese Strategie sehr unsicher. Wenn die Parteien sich nicht sicher sein können, dass alle anderen auch umweltfreundlich agieren werden, wählen sie im Zweifel die Option sich mit keinem Beitrag zum Umweltschutz zu beteiligen, da ein individueller Beitrag eh wenig ändert (vgl. Rogall 2012: 78f.).

Zwischenfazit: Aus den erklärten ökonomischen Theorien und Phänomenen lässt sich ableiten, dass der Markt mit seinen Mechanismen alleine die Bewältigung der Umweltprobleme bzw. die Herausforderung des Umweltschutzes nicht schaffen kann. Ohne Eingreifen von anderen Institutionen kommt es auf dem Markt zu einem Versagen durch Fehlallokation. Auch die Bereitschaft sich aktiv und finanziell am globalen Umweltschutz zu beteiligen, führt aufgrund von Unsicherheiten über das Verhalten der anderen Staaten nicht immer zu einer tatsächlichen Umsetzung eines nachhaltigen Umgangs mit der Umwelt und den natürlichen Rohstoffen. Im Hinblick auf die Frage, wie es zu einer *nachhaltigen Entwicklung* kommen kann, kann der Schluss gezogen werden, dass politisch-rechtliche Rahmenbedingungen für die Lösung der Problematik benötigt werden. Insbesondere für die Umweltqualität als öffentliches Gut wäre eine übergeordnete Handlungsinstanz, welche die vom Eigeninteresse geprägten Staaten zu einer Bereitstellung zwingen könnte, sinnvoll (vgl. Clement/ Kiy/ Terlau: 718). Um also die Möglichkeiten und auch Grenzen der unterschiedlichen Institutionen auf dem Weg zu einer *nachhaltigen Entwicklung* zu verstehen, sollen im Folgenden die verschiedenen Akteure näher analysiert werden.

4 Akteure der Nachhaltigkeits- und Umweltpolitik

Es gibt vier Abstufungen von Nachhaltigkeitsgraden, die im Zusammenhang der Akteure des Umweltschutzes und dessen Instrumenten zunächst erläutert werden sollen. Gemeint sind verschiedene Positionierungen gegenüber der Frage, was nachhaltig ist und wie eine *nachhaltige Entwicklung* gefördert werden kann. In der *sehr schwachen Nachhaltigkeit* vertreten Politiker und Ökonomen die Auffassung, dass die Wirtschaftssubjekte allein über die wirtschaftlichen Entwicklungen entscheiden sollen und gleichzeitig keine einleitende Umweltschutzpolitik nötig ist, da der Mangel an natürlichen Rohstoffen durch technischen Fortschritt kompensiert werden kann. Demnach gäbe es keine Ressourcenprobleme. Die Vertreter der *schwachen Nachhaltigkeit* stellen hingegen infrage, ob die Wirtschaftssubjekte sich ihrer Umweltfolgen bewusst sind und übergeben deshalb dem Staat die Aufgabe, eine Informationspolitik auszuüben, damit er Möglichkeiten zum nachhaltigen Umgang mit der Umwelt vermitteln kann. Staatliche Gebote und Verbote sind allerdings eher in der *starken Nachhaltigkeit* gefordert. Hier soll nicht allein die Volkswirtschaft über die Wirtschaftsvorgänge bestimmen, sondern der Staat soll ökologische Strategiepfade und Leitplanken festlegen. Natürliche Ressourcen werden demnach als nicht substituierbar angesehen. Eine starke Nachhaltigkeitsposition sieht rechtliche Vorschriften als unabdingbar, der Staat soll also direkt wirkende Instrumente verwenden. Eine *strikte und radikale ökologische Nachhaltigkeit* sieht ein allumfassendes Umdenken und Umsteuern als einzigen Weg. Individuelle Präferenzen der Wirtschaftssubjekte sollen nicht berücksichtigt werden und natürliche Ressourcen sind nicht durch künstliche substituierbar, der Verbrauch soll also stark reduziert werden (vgl. Rogall 2003: 31; Diefenbacher 1997: 25).

Die beiden letzteren Nachhaltigkeitspositionen sehen in politisch-rechtlichen Vorschriften eine sehr wichtige Rolle, in diesem Fall gilt der Staat als direkter Akteur. Da, wie auch in den ersten Kapiteln bereits thematisiert, in der herrschenden Meinung der Schluss gezogen wurde, dass es ein individuelles und kollektives Umdenken im Umgang mit der Umwelt geben muss, gab und gibt es schon einige Umweltschutzaktivitäten der Regierungen und einiger anderer Institutionen. Deswegen soll im Folgenden dargestellt werden, wer als direkter oder indirekter Akteur gilt und welche Instrumente diese für den Umweltschutz zur Verfügung haben.

4.1 Direkte Akteure

Als Akteure werden in diesem Zusammenhang diejenigen Institutionen betitelt, die in irgendeiner Art positiven oder negativen Einfluss auf eine *nachhaltige Entwicklung* haben. Dabei gelten direkte Akteure als mit der Rechtsprechung verbundene Instanzen, da diese mit ihren direkten Instrumenten in Form von politisch-rechtlichen Rahmenbedingungen die Leitplanken für den Umgang mit der Umwelt für alle Wirtschaftssubjekte, Haushalte und Individuen stellen können. Auf nationaler Ebene sind das der Bundestag, die Bundesregierung sowie die Länder und Kommunen. Auf internationaler Ebene gehören die Gesetze und Verbindlichkeiten der Organe der Europäischen Union (EU) und andere internationale und zwischenstaatliche Organisationen, wie z.B. die Vereinten Nationen, dazu (vgl. Rogall 2004: 65).

In Deutschland gibt es einige Ministerien, die die Regierung bei der Umsetzung von Strategien und Maßnahmen für eine umweltfreundliche Nachhaltigkeitspolitik – unter anderem auch zur Umsetzung der in der schon genannten *Agenda 21* geforderten Punkte – unterstützten. Zu nennen sind hier zum Beispiel das Bundesministerium für Umwelt, Naturschutz und Reaktorsicherheit (BMU), das Bundesministerium für wirtschaftliche Zusammenarbeit und Entwicklung (BMZ) oder das Bundesministerium für Gesundheit und soziale Sicherung (BMG) (vgl. Pufé 2014: 156). Neben den verschiedenen Konferenzen und Kongressen zum Thema Nachhaltigkeit können auch die regelmäßigen G7-Treffen (Gruppe der Sieben) neue umweltpolitische Entschlüsse voranbringen, da sie als Forum für Fragen der Weltwirtschaft und anderer relevanter Probleme gelten (vgl. Presse- und Informationsamt der Bundesregierung 2016).

Im Weiteren werden generelle Prinzipien, Strategien und Instrumente der nationalen und globalen Umwelt- und Nachhaltigkeitspolitik analysiert, um die Funktion und das Vorgehen dieser näher zu verstehen.

4.1.1 Prinzipien der Umweltpolitik

Das Umweltprogramm der Bundesregierung Deutschland hat 1971 eine Umweltpolitik als Gesamtheit der Maßnahmen beschrieben, die notwendig sind, um folgende Aspekte zu garantieren: Sicherung der Umwelt für den Menschen, sodass dessen Gesundheit und ein menschenwürdiges Dasein gewährleistet ist; Schutz von Boden, Luft; Schutz von Wasser, Pflanzen- und Tierwelt vor menschlichen Eingriffen; Beseitigung von Schäden oder Nachteilen aus menschlichen Eingriffen (vgl. Deutscher Bundestag 1971: 63). Seit der Umweltkonferenz in Rio de Janeiro 1992 werden diese Ziele als Teil einer *nachhaltigen Entwicklung* angesehen. In diesem Kontext definiert *Holger Rogall* eine Umweltpolitik wie folgt:

> „Umweltpolitik ist die Gesamtheit der Maßnahmen, die notwendig sind, um die Umweltbelastungen auf ein unschädliches Maß zu verringern (die Grenzen der natürlichen Tragfähigkeit zu bewahren) und für eine gerechte Verteilung der natürlichen Ressourcen für alle Menschen und die nachfolgenden Generationen zu sorgen, d.h. soweit wie möglich zu erhalten." (Rogall 2012: 263f.)

Erweitert wurden diese Konzepte noch um die Zieltrias des Verursacher-, Vorsorge- und Kooperationsprinzips als Grundlage der Umweltpolitik. Das Verursacherprinzip entscheidet darüber, dass Verursacher von Umweltschäden, zum Beispiel durch das Abführen von Müll oder Chemikalien in einen Fluss, alle Beseitigungs- und Folgekosten tragen müssen. Alle umweltpolitischen Maßnahmen, die sich an diesem Prinzip orientieren, sollen also zur Folge haben, dass Umweltschäden in die Wirtschaftsrechnung der jeweiligen Akteure, die die Umwelt und ihre natürlichen Rohstoffe nutzen, miteinbeziehen. Das Vorsorgeprinzip sieht vor, dass Umweltschutzmaßnahmen schon präventiv umgesetzt werden sollen. Diese sollen dabei gemäß dem Risikominimierungsprinzip verhindern, dass die Grenzen der Tragfähigkeit des Umweltraums überschritten werden und Risiken und Gefahren schon einbezogen werden, bevor sie eingetreten sind. Das Kooperationsprinzip besagt, dass gesellschaftliche Akteure, also Individuen, Unternehmen oder Verbände, schon frühzeitig in staatliche Planungen und Maßnahmen integriert werden sollen. Dabei soll unter anderem das Umweltbewusstsein der gesamten Bevölkerung erhöht werden (vgl. Wicke 1993: 150ff.; Bartmann 1996: 114ff.).

Anhand der jeweiligen Erklärungen der Prinzipien werden erneut zwei Aspekte deutlich: Zum einen ist die Umsetzung der jeweiligen Prinzipien sehr komplex, insbesondere bei der Identifizierung der Verursacher, der Aufteilung der Umweltkosten oder der Frage der Verhältnismäßigkeit der vorbeugenden Vorsorgekosten. Zum anderen könnte die genannte Komplexität einen Hinweis darauf geben, wie NGOs im Prozess der *nachhaltigen Entwicklung* eine wachsende Bedeutung zukommt. Diese könnten mit Recherchen oder intensivem Informationsaustausch eine entwirrende Wirkung erzielen – Vertiefendes wird in Kapitel 5 und 6 thematisiert.

4.1.2 Umweltpolitisches Instrumentarium

Umweltpolitische Instrumente werden auch in direkt und indirekt wirkende Instrumente aufgeteilt, hinzu kommen noch sogenannte neue ökonomische Instrumente. Mit den direkt wirkenden sind auch harte Instrumente gemeint, es handelt sich dabei um Ge- und Verbote, wie zum Beispiel Stoffverbote, Qualitätsstandards, festgelegte Grenzwerte oder die Vorschrift bestimmter Technologien. Dieses Instrument folgt dem Verursacher- und Vorsorgeprinzip. Weiche Instrumente hingegen, also die indirekt wirkenden, treten eher in Form von Anreizen und Informationen auf. Bei Letzteren ist die Rede von Förderprogrammen oder Umweltberichterstattungen sowie Umweltbildung und Selbstverpflichtungen. Diese Mittel gehören hingegen dem Kooperationsprinzip an. Das letzte Instrument, nämlich das neue ökonomische, verfolgt das Ziel, die Rahmenbedingungen für den Markt zu verändern. Damit sind unter anderem Umweltabgaben gemeint, Öko-Steuern, handelbare Nutzungsrechte zum Beispiel von Emissionen oder Verwertungsverpflichtungen (vgl. Rogall 2004: 49).

Neben den genannten Instrumenten bzw. Handlungsoptionen können noch generelle Strategiepfade für eine nachhaltige Ökonomie genannt werden. Diese sind die Effizienzstrategie, die eine ressourceneffizientere und schadstoffärmere Produktion aller Güter fordert; die Substitutions- und Konsistenzstrategie, mit der der Ersatz oder die allumfassende Neugestaltung von einem Gut oder einer Dienstleistung gemeint ist. Als Beispiel kann das vollständige Umsteigen von der Verbrennung fossiler Energieträger auf Solarenergie genannt werden. Zuletzt gibt es die Suffizienzstrategie, die eine Lebensstiländerung und eine Strukturveränderung wünscht und die Entstehung einer Umweltethik fordert (vgl. Rogall 2002: 208f.).

4.2 Indirekte Akteure

Die indirekten Akteure sind im Gegensatz zu den direkten Akteursgruppen aus Abschnitt 4.1 indirekt an der Rechtsprechung für die Umweltpolitik beteiligt. Dennoch haben sie einige Mittel zur Durchsetzung ihrer Interessen zur Verfügung. Diese können, je nach politischer und wirtschaftlicher Stärke, Einfluss auf die direkten Akteure und dessen Instrumente nehmen. Grundsätzlich gehören zu den indirekten Akteuren Kommunen, die Parteien, Massenmedien, Wirtschaftsverbände, Großunternehmen, Verbraucherverbände, Konsumenten und gemeinnützige Organisationen sowie NGOs. Sie können und wollen mit den folgenden Mitteln Einfluss auf die direkten und auch indirekten Akteure üben.

Die Kommunen seien hier an erster Stelle genannt, da sie sowohl den direkten, als auch den indirekten Akteuren zugeordnet werden können – sie verfügen über keine direkte Gesetzeskompetenz, können allerdings durch das Planungsrecht Entscheidungen treffen genauso wie Richtlinien und Satzungen erlassen. Parteien werden auch als indirekte Akteure angesehen, weil sie Mandatsträger auswählen und ausbilden sowie Positionen und Programme entwickeln – damit nehmen sie in einer parlamentarischen Demokratie eine zentrale Funktion wahr.

Daneben gelten die globalen Massenmedien als Faktor für die in der Demokratie entstehenden Entscheidungen zum Thema Nachhaltigkeit. Durch ein, zumindest in den europäischen Ländern, sehr hohes Maß an Presse- und Meinungsfreiheit können sie der Mitwirkung an Meinungsbildung, als Informationsvermittlung, als Kontrolle sowie der Kritik dienen.

Wirtschaftsverbände und Großunternehmen verfügen über einen großen informativen Einfluss auf die öffentliche Meinung und können damit auch öffentlichen Druck ausüben. Durch große Mengen an verfügbaren wirtschaftlichen Geldern kann es aber auch zu demokratiegefährdenden Praktiken durch finanzielle Unterstützung einiger Parteien oder Politiker kommen.

Auch Konsumenten und Verbraucherverbände verfügen über das ultimative Mittel der Interessendurchsetzung durch die Entscheidungshoheit an Gütern, vermittelt durch ihre Nachfrage. Das Veränderungspotenzial hin zu einer *nachhaltigen Entwicklung* wird aber beeinflusst und auch gedämpft durch die Manipulation von Medien und Werbung, auch steht der persönliche Eigennutz häufig über intergenerativen Gerechtigkeitsaspekten.

Neben diesen genannten indirekten Akteuren stehen noch die gemeinnützigen Organisationen und NGOs. Diese verfügen über ähnliche Instrumente wie die Wirtschaftsverbände, jedoch über geringere Geldmittel – in der Öffentlichkeit genießen sie dennoch eine hohe Glaubwürdigkeit. Einer der größten Unterschiede zu den anderen Akteuren besteht darin, dass viele der NGOs uneigennützig und für die gesellschaftliche Wohlfahrt sowie eine umweltfreundliche und somit auch *nachhaltige Entwicklung* arbeiten. Dadurch können sie eine neue Denk- und Arbeitsweise in das Wirtschafts- und Politiksystem einbringen (vgl. Rogall 2012: 277-298). Deshalb – und auch im Hinblick auf die Forschungsfrage – sollen den NGOs im Weiteren eine nähere Betrachtung geschenkt werden. Dabei soll untersucht werden, welche Rolle diese spielen, welche Funktion sie einnehmen können, welcher Mittel und Instrumente sie sich bedienen und welchen Einfluss sie auf wen üben können.

5 Funktion und Einfluss von NGOs

Der Begriff NGO kommt aus dem englischen Non-Governmental Organization, übersetzt ist hierbei die Rede von Nichtstaatlichen Organisationen. Eine allgemeingültige und überall anerkannte Definition für NGOs gibt es im engeren Sinne nicht. Während der Wirtschafts- und Sozialrat der Vereinten Nationen (ECOSOC) 1968 eher eine weit gefasste Definition lieferte mit: „Any international organization which is not established by intergovernmental agreement shall be considered as a non-governmental organization" (Global Policy Forum 2017) liefert das Regionale Informationszentrum der Vereinten Nationen für Westeuropa (UNRIC) eine wesentlich deutlichere Ausformulierung der Definition von NGOs:

> „Eine Nichtregierungsorganisation (NGOs) ist eine nicht gewinnorientierte Organisation von Bürgern, die lokal, national oder international tätig sein kann. Auf ein bestimmtes Ziel hin ausgerichtet, versuchen NGOs, eine Vielzahl von Leistungen und humanitären Aufgaben wahrzunehmen, Bürgeranliegen bei Regierungen vorzubringen und die politische Landschaft zu beobachten. NGOs stellen Analysen und Sachverstand zur Verfügung und helfen, internationale Übereinkünfte zu beobachten und umzusetzen. Manche NGOs wurden für ganz bestimmte Aufgaben gegründet, so zum Beispiel für Menschenrechte, Umwelt oder Gesundheit." (Regionales Informationszentrum der Vereinten Nationen für Westeuropa 2017).

Bei der Unterteilung aller Organisationen und Institutionen in drei Sektoren wird zwischen dem ersten Sektor, dem Staatssektor, dem zweiten Sektor, also dem Wirtschaftssektor und dem dritten Sektor unterschieden. Während ersterem Institutionen des politischen Systems und der Gerichtsbarkeit sowie das (verfassungs-)rechtliche Regelwerk angehören, ist der Sektor des Marktes ein Treffpunkt von gesamtwirtschaftlichem Angebot und gesamtwirtschaftlicher Nachfrage, dessen Ziel Maximierung von Profit ist. Dem dritten Sektor – in den sich NGOs einreihen – gehören Organisationen, Handlungszusammenhänge und Aktionen, die dem privaten, (zivil-) gesellschaftlichen Bereich zuzuordnen sind, an. Sie handeln zudem nicht primär gewinnmaximierend, deswegen wird der dritte Sektor häufig als der Nonprofit-Sektor bezeichnet. Daher können NGOs den Nonprofit-Organisationen zugeordnet werden – auch UNRIC definiert jene als nicht gewinnorientiert (vgl. Frantz/ Martens 2006: 18). Zuletzt ist anzumerken, dass es sich bei Zusammenschlüssen von mehreren NGOs um Verbände oder Netzwerke handelt. Einige Beispiele für bekannte deutsche NGOs sind *Brot für die Welt* oder *NABU Naturschutzbund*, während international z.B. *Amnesty international*, *WWF* oder *Greenpeace* zu nennen sind (vgl. Lexikon der Nachhaltigkeit 2015).

Im Weiteren folgt ein Überblick über die Geschichte von NGOs und deren Einfluss-möglichkeiten, damit ein Einstieg in die Frage gefunden werden kann, was Einfluss-nahme für eine *nachhaltige Entwicklung* überhaupt bedeutet und inwieweit diese schon zu sehen ist.

5.1 Geschichte und Entstehung von NGOs

Auch wenn NGOs durch medienwirksame Aktionen, wie beispielsweise die Verhin-derung der Versenkung einer Ölplattform *Brent Spar* des *Shell*-Konzerns im Atlan-tik durch Greenpeace 1995, vermeintlich erst seit den letzten zwanzig Jahren be-kannter sind, existieren sie dennoch schon Ende des 18. Jahrhunderts (vgl. Heins 2002: 48ff.). Menschen mit ähnlichen Interessen schlossen sich zu Gruppen zusam-men, um ihren Anliegen durch diesen Zusammenschluss mehr Ausdruck zu verlei-hen. Demokratische und industrielle Revolutionen, gepaart mit politischen, ökono-mischen und sozialen Veränderungen führten zu verstärktem gesellschaftlichen Engagement und der Entstehung von sowohl nationalen, als auch zu internationa-len Organisationen. Dies geschah zu Beginn des 19. Jahrhunderts. Die Initiative des *Roten Kreuzes* zum Schutz von Kriegsverletzten und zur Institutionalisierung des Kriegsrechtes ist ein Beispiel für ein erstes aktives Mitgestalten von politischen Prozessen, indem sie an internationalen Konferenzen teilnahmen.

NGOs entwickelten nach und nach eine eigenständige Rolle, weil sie infrastruktu-relle Aufgaben für die sozialen Bewegungen und mit gezielten Aktionen auch Mo-bilisierungsleistungen übernehmen konnten. In den 1980er und 1990er Jahren konnten soziale Bewegungen gemeinsam mit NGOs beispielsweise die Anti-Atom-kraft-Bewegung voranbringen, bei denen Umwelt-NGOs infrastrukturelle Funktio-nen übernahmen. Weitreichende politische Veränderungen brachten in der inter-nationalen Staatenwelt gegen Ende der 1980er Jahre neue Handlungsoptionen für NGOs mit sich (vgl. Frantz/ Martens 2006: 51-54). Auch das Ende des Kalten Krie-ges und die damit verbundene Öffnung des Eisernen Vorhangs vergrößerten den Aktionsradius für NGOs erheblich (vgl. Albrow 1998: 155-167).

5.2 Partizipation von NGOs an sozialökonomischen Prozessen

In Kapitel 3 konnte bereits der Schluss gezogen werden, dass der Markt und dessen Akteure sowie Mechanismen nicht allein den Schutz der Umwelt ermöglichen kön-nen. Auch die sozialökonomische Forschung stellt nicht die Wirtschaft als Ursache und Folge aller Phänomene in den Vordergrund, sondern vielmehr das Wechselspiel von Wirtschaft und Gesellschaft in den Mittelpunkt. Im Zentrum steht das Zusammenspiel der beiden – es geht also darum, wirtschaftliches Handeln in seiner gesellschaftlichen Bedingtheit zu untersuchen (vgl. Springer Gabler Verlag 2017).

Um also die Komplexität der Frage, wo sozialökonomische Prozesse anfangen und wo sie enden, zu vereinfachen, wird im Weiteren davon ausgegangen, dass damit alle jene Prozesse gemeint sind, in denen wirtschaftliches Handeln über die Gesellschaft bedingt wird. Die Analyse des Einflusses von NGOs auf sozialökonomische Prozesse bedeutet demnach für diese Arbeit, wie NGOs Einfluss auf gesellschaftliches und somit auch auf wirtschaftliches Handeln nehmen können. Weil die Untersuchung des Einflusses von NGOs auf alle gesellschaftlichen Aktivitäten den Rahmen dieser Arbeit übersteigt, soll der Einfluss auf die Umwelt- und Nachhaltigkeitspolitik sowie auf die zivilgesellschaftlichen Individuen erforscht werden. Hier zeigt sich erneut die Schwierigkeit der Untersuchung, da die Politik auch durch Individuen entwickelt wird und die Beeinflussung eines Akteurs somit wieder andere Akteure und Instanzen mit beeinflusst. Damit kann festgehalten werden, dass keine klaren Grenzen zwischen der Beeinflussung auf jede individuelle Einzelperson, die politischen Akteure oder gar die gesamte Gesellschaft durch NGOs gezogen werden kann.

Die folgende Grafik soll vereinfacht zeigen, wie der Einfluss von NGOs wirken kann:

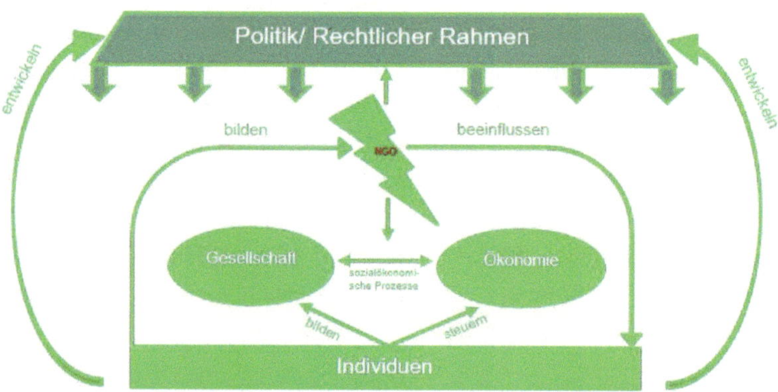

Abb. 4: Einfluss von NGOs auf die anderen Akteure
Ohne Quelle, eigene Darstellung

Nimmt eine NGO Einfluss auf die Politik, kann damit der politisch-rechtliche Rahmen beeinflusst und verändert werden – so können zum Beispiel neue umweltschützende Gesetze, wie CO2 Minderungsziele angestoßen und entwickelt werden.

Da der rechtliche Rahmen alle Teilnehmer der Gesellschaft und des Marktes steuert bzw. dessen Aktivitäten begrenzt, nehmen NGOs mit dem Einfluss auf den rechtlichen Rahmen auch Einfluss auf alle Handlungen der Gesellschaft und Wirtschaft, also auch auf sozialökonomische Prozesse. Damit werden demnach die Meinung und das Verhalten der Zivilgesellschaft, also aller Individuen, beeinflusst und mit geformt. Zusätzlich kann der direkte Einfluss auf das Wissen der Individuen, wiederum das politische Geschehen – sofern in einer Demokratie lebend – durch ihr politisches Engagement sowie die sozialökonomischen Prozesse verändern.

Die vorangegangene Erläuterung konnte zeigen, dass eine Untersuchung des Einflusses von NGOs auf das internationale politische Geschehen, also auf die direkten Akteure und deren Instrumente der Umwelt- und Nachhaltigkeitspolitik (Kapitel 4.1), naheliegt und deshalb zusätzlich zu dem Einfluss auf die Zivilgesellschaft fokussiert werden soll; dazu werden im Folgenden einige Mittel der NGOs aufgezeigt.

5.3 Einfluss von NGOs auf die Gesellschaft und Politik

Die Instrumente, derer sich NGOs bedienen, um Einfluss auf das politische Geschehen zu nehmen, basieren zumeist auf Informationsaustausch. So können Mitglieder von Umwelt-NGOs zum Beispiel in Fachgremien entsandt werden, diese können Richtlinien oder Empfehlungen für die Politik erarbeiten, wodurch das Know-how und die jeweiligen NGO-Interessen eingebracht werden. Des Weiteren haben sie die Möglichkeit, Politiker mit Positionspapieren oder Formulierungshilfen zu unterstützen (vgl. Rogall 2004: 71). Im Zusammenhang des Einflusses über Informationsaustausch ist auch anzumerken, dass das Wissen der internationalen Nichtstaatlichen Organisationen durch Vernetzung und Austausch zu einer „maßgebenden Machtressource" wird. Sie schafft Transparenz und kann staatliches Handeln öffentlich darstellen (vgl. Gremmelspacher 2005: 95). Auch können sie in den politischen Prozess eingreifen, indem sie gesellschaftsrelevante Themen auf die Agenden der Handlungsträger des politischen Systems setzen (vgl. Gremmelspacher 2005: 91). Zusätzlich zu den Themenvorschlägen nehmen NGOs seit den 1940er Jahren an den Konferenzen der Vereinten Nationen teil. Seit der Konferenz für Umwelt und Entwicklung in Rio de Janeiro 1992 sind sie sogar in die Konferenzvorbereitung involviert und bei den Beratungen zugelassen (vgl. Gremmelspacher 2005: 86).

Zudem – und nicht minderbedeutend – bedienen sich viele NGOs des Instruments der Kampagne. Diese ist eine Aktion, bei der versucht wird, Ziele oder Interessen in einem bestimmten Zeitraum über eine hohe Mobilisierung der Öffentlichkeit durch zum Beispiel Medienarbeit oder Demonstrationen zu erreichen. Diese Kampagnen können die Öffentlichkeit informieren sowie sensibilisieren und weiter noch die Sichtweise von politischen Entscheidungsträgern beeinflussen (vgl. Gremmelspacher 2005: 95). Öffentlicher Druck kann aber auch über generelle Presse- und Öffentlichkeitsarbeit ausgeübt werden (vgl. Rogall 2004: 71).

Wie effektiv und erfolgreich NGOs diese Instrumente für die Umwelt- und Nachhaltigkeitspolitik auf dem Weg einer *nachhaltigen Entwicklung* einsetzen, soll am Beispiel von Greenpeace analysiert werden.

6 Einflussnahme von Greenpeace für eine *nachhaltige Entwicklung*

Nach der allgemeinen Untersuchung der Einflussmöglichkeiten von NGOs auf die Umwelt- und Nachhaltigkeitspolitik werden nun die Möglichkeiten dieser von Greenpeace analysiert. Dabei soll auf die Geschichte, die Struktur, Finanzierung und das Selbstverständnis, die Instrumente und die Arbeitsweise sowie Erfolge und Grenzen eingegangen werden, da diese Rubriken dessen Strategien zur Interessendurchsetzung formen. Damit stellen diese Untersuchungsmerkmale wichtige Faktoren in der Analyse der Einflussmöglichkeiten dar.

6.1 Entstehungsgeschichte

Greenpeace geht aus dem sogenannten *Don't Make A Wave Commitee*, einem Ausschuss, der sich Protesten gegen Nuklearwaffen und deren Tests widmete, hervor. Die drei Friedensaktivitsten, *Irwing Stowe, Jim Bohlen* und *Paul Cote* lernten sich über ihr gemeinsames Engagement gegen die US-amerikanischen Atomtests in Vancouver kennen. Im Jahr 1971 entwickelten sie dort aus dem Komitee die Idee von Greenpeace (green & peace = grüner Frieden) – der junge Kanadier *Bill Darnell* schuf die Wortprägung mit dem einfach dahingesagten Satz ‚Make it a green peace!' (vgl. Altmann/ Fritzler 1995: 22; Greenpeace 2017a,b,c,e). Unter diesem neuen Namen brachen sie von dort aus am 15. September 1971 mit ein paar weiteren Aktivisten auf einem gecharterten Fischkutter in Richtung des Testgebiets zu der Insel Amchitka, einer vorgelagerten Insel Alaskas, auf, um gegen die Atomwaffentests zu protestieren. Schon damals entstand die Greenpeace-Strategie: die Kombination direkter gewaltfreier Aktionen und Medienarbeit. Obwohl die Aktion selbst die Tests nicht verhindern konnte und somit scheiterte, konnte sich die Initiative einen ersten Namen machen. Als dann 1973 die Besatzung des Schiffes einer Protestfahrt gegen Atomtests, organisiert von dem Greenpeace Mitglied *David McTaggart*, von einem Sonderkommando der französischen Marine zusammengeschlagen wurde, gelangte die Organisation schließlich zu weltweiter Bekanntheit. Dies gelang durch das heimliche Filmen des Überfalls.

In den ersten Jahren nach der Gründung entstanden viele Greenpeace-Gruppen in Kanada und den USA – eine Organisation wurde Greenpeace aber erst 1979. *David McTaggart* hatte die Führung der nordamerikanischen, europäischen und pazifischen Sektionen hin zu einer internationalen NGO übernommen. In Amsterdam wurde 1989 der Hauptsitz von Greenpeace International als gemeinnützige Stiftung unter dem Namen *Stichting Greenpeace Council* gegründet. Seither werden Kampagnen auf internationaler Ebene koordiniert, aber von den nationalen Büros in verschiedenen Ländern eigenverantwortlich durchgeführt. In Deutschland gab es bereits 1980 eine Protestaktion gegen die Verklappung giftiger Säuren in der Nordsee, im selben Jahr wurde auch der deutsche Hauptsitz in Hamburg gegründet.

Greenpeace selbst sieht sich als „eine internationale Umweltorganisation, die mit direkten gewaltfreien Aktionen für den Schutz der natürlichen Lebensgrundlagen von Mensch und Natur und Gerechtigkeit für alle Lebewesen kämpft" (Greenpeace 2017e). Das spiegelt sich auch in den Themen wider, die sich im Laufe der Jahre zum Schutz der Bereiche Meere, Wälder, Arktis, Landwirtschaft, Klimawandel, Endlager Umwelt, Energiewende, Artenvielfalt sowie Umwelt & Gesellschaft vergrößert haben. Aktuell zählt die unabhängige NGO international 2,9 Millionen Unterstützer, in Deutschland sind es etwa 560.000 Fördermitglieder (Greenpeace 2017a,b,c,e; Greenpeace 2014).

6.2 Struktur, Selbstverständnis und Finanzierung

Neben dem internationalen Sitz in Amsterdam besitzt Greenpeace International 26 nationale und regionale Ländervertretungen, wobei die Organisation sogar in 55 Ländern aktiv ist. Die rechtlich selbstständigen nationalen und regionalen Organisationen erfüllen eine Reihe von Anforderungen von dem *Stichting Greenpeace Council* in Amsterdam, damit sie den Namen Greenpeace tragen dürfen. Die verschiedenen Sektionen sind dabei eng an die von Greenpeace International vorgegebenen und koordinierten Kampagnen gebunden. Diese werden in der jährlichen Generalversammlung entwickelt, jedes Land wird dabei von einem beauftragten Mitglied vertreten. Sie sind es auch, die den internationalen Vorstand der Organisation, der aus sechs Personen besteht, wählen. Ein siebtes Mitglied wird von dem Vorstand zum Vorstandsvorsitzenden bestimmt, welcher Greenpeace International nach außen vertritt und das Jahresbudget überprüft. In der Versammlung werden das zukünftige Vorgehen sowie alle notwendigen Veränderungen innerhalb der Organisationsstruktur besprochen (vgl. Bundesamt für Naturschutz 2010; Greenpeace International 2017a). Greenpeace ist deshalb zwar kein Unternehmen im klassischen Sinne, aber arbeitet ähnlich hierarchisch organisiert und stark zentralisiert.

Greenpeace selbst definiert sich als eine international arbeitende Organisation, die sich einig ist, dass die grundlegenden Umweltprobleme nicht allein im nationalen Rahmen gelöst werden können. Dabei wird gewaltfrei und politisch sowie finanziell unabhängig gearbeitet – also strikt überparteilich. Des Weiteren folgen sie dem Prinzip, Zeugnis über Umweltprobleme vor der Öffentlichkeit abzuliefern. Dabei wollen sie strategisch ausgewählte Schwerpunkte setzen, um effektiv politische Veränderungen durch das Aufdecken von Missständen und das Vorlegen möglicher Lösungsvorschläge herbeizuführen (vgl. Behrens 1996: 85f.). Die Organisation engagiert sich gegen die Zerstörung der Wälder sowie die Ausbeutung der Meere, um die Ökosysteme nicht weiter ins Ungleichgewicht zu bringen. Auch die Reduzierung des Energieverbrauchs und die damit verbundene Steigerung der Nutzung von regenerativen Energien gehört zu den Zielen. Hinzukommen der Wunsch nach effektivem Ressourcenmanagement, um der Ressourcenverknappung entgegen zu wirken und eine Minderung der klimatischen Erderwärmung. Von Anfang an hatte Greenpeace zudem eine friedenspolitische Dimension (vgl. Greenpeace 2017g; Greenpeace International 2017b). Damit entspricht die Organisation mit seinem Selbstverständnis sowohl den Zielen der *nachhaltigen Entwicklung*, da zumindest die soziale und die ökologische Komponente der Nachhaltigkeit berücksichtigt wird, auch lässt sie sich der Definition einer NGO zuordnen, weil sie unabhängig ist, festgelegte Ziele zur Lösung verschiedener Umweltprobleme verfolgt und versucht, die politische Landschaft zu beeinflussen.

Zur Klärung der Frage inwieweit Greenpeace nicht gewinnorientiert arbeitet, soll zusätzlich die Finanzierung der Organisation dargelegt werden. Die finanziellen Quellen der Organisation stützen sich vollständig auf private Spenden. Bestimmt durch die parteipolitische Unabhängigkeit, lehnt Greenpeace Gelder aus staatlichen, wirtschaftlichen oder anderen Quellen, so zum Beispiel von den Vereinten Nationen, grundsätzlich ab – in diesem Zusammenhang hat die NGO hohe ethische Grenzen in Bezug auf die Förderer. Diese politische Ungebundenheit stellt für viele Unterstützer ein großes Glaubwürdigkeitsmerkmal dar, was einen großen Vorteil für die Bindung der Unterstützer bedeutet. Das Fundraising sieht vor, dass Förderer nicht als Financiers angesehen werden, sondern die politische Basis der Organisation darstellen. So sehen viele Spender und Förderer ihre Unterstützung als Solidaritätserklärung und als „Teil einer Bewegung" (vgl. Wallmeyer 1996: 98). In den Aktionsbriefen an die Förderer und Interessierten sollen diese auf die Umweltthemen aufmerksam gemacht werden und darüber aufgeklärt werden, wie sie aktiv dabei helfen können, die Interessen umzusetzen. Zusätzlich können sie mit einer Geldspende ihre Zustimmung ausdrücken. Deswegen sieht Greenpeace sein Fundraising eher als Kommunikationsleistung und arbeitet damit auch an der Einstellungsänderung der Menschen (vgl. Wallmeyer 1996: 95). Mit der generellen Aufklärung über Umweltprobleme, über umweltschädliches Agieren von verschiedenen Unternehmen oder über politische Einbringungsmöglichkeiten stellt sich das erste Mal die Frage, ob die Unterstützung von Greenpeace als eine Form von Demokratie angesehen werden kann, da Greenpeace mit der Förderung sowohl öffentlichen Druck, als auch politische Veränderungen begünstigen kann. Dieser Frage soll im späteren Verlauf noch näher nachgegangen werden (Kapitel 6.5).

Die Begründung dafür, dass Greenpeace den Nonprofit Organisationen zugeordnet werden kann, liefert die Organisation jährlich selbst mit der offen gelegten Jahresbilanz. In diesem öffentlichen Dokument ist auch nachzulesen, dass die Organisation sich an die Regelungen des *Instituts der Wirtschaftsprüfer* (IDW) für „Spenden sammelnde Organisationen"[3] hält. Diese Regelungen erkennen an, dass NGOs als nicht gewinnorientiert gelten, sofern sie sich an jene Bestimmungen halten. Im Jahr 2015 beispielsweise gingen lediglich 7,1 Prozent der Jahresspendeneinnahmen in Höhe von 57,7 Millionen Euro in Verwaltung und Werbung. Der Rest wurde für die Umsetzung und die Kommunikation der Kampagnen verwendet (vgl. Greenpeace 2016: 10f.).

Das vorangegangene Kapitel konnte zeigen, dass das theoretische Potenzial, sowohl die einzelnen zivilbürgerlichen Individuen über informative Aufklärung und über die intensive Finanzierung von öffentlichkeitswirksamen Kampagnen zu erreichen, als auch das Potenzial über den öffentlichen Druck politische Veränderungen zu veranlassen, vorhanden ist. Beide Wege könnten zu einer *nachhaltigen Entwicklung* beitragen. Deswegen sollen im Folgenden die tatsächlich verwendeten Instrumente und die Arbeitsweise von Greenpeace auf ihre Leistungsfähigkeit in der Einflussnahme auf politische Prozesse geprüft werden.

---

[3] Für die Kriterien des IDW vgl. beispielsweise PricewaterhouseCoopers 2012.

6.3 Instrumente und Arbeitsweise

Das wohl größte Element der Einflussnahme stellen bei Greenpeace die Kampagnen dar. Diese bedürfen einer gründlichen Planung und Untersuchung der Kosten und möglichen Folgen, damit sie Aussicht auf Erfolg haben. Der Erfolg wird von *Christian Krüger* so beschrieben:

> „Das Anliegen von Greenpeace besteht nicht darin, das (aus Organisationssicht) Richtige zu tun und zu fordern oder (mit ihren Prognosen) recht zu behalten, sondern Bürger von den umweltpolitischen Wegen und Zielen der Organisation zu überzeugen und ihr bestes dafür zu tun, daß die Forderungen auch durchgesetzt werden." (Krüger 2000: 20).

Dabei hängt die Wirkung von Greenpeace vollständig von der öffentlichen Aufmerksamkeit und dessen Unterstützung ab. Deswegen kann die Arbeit der „pressure-group" zugeordnet werden, die die Strategie der symbolischen öffentlichen Aufmerksamkeit ausübt (vgl. Krüger/ Müller-Hennig 1999: 11). Im Zentrum dieser möglichst öffentlichkeitswirksamen Kampagnen steht die umweltpolitische Aktion – die Methode dabei ist die öffentliche Konfrontation. *Krüger* erklärt die Konfrontation nach Greenpeace-Art so, dass eine Aktion auch auf eine bestimmte Reaktion der Öffentlichkeit ausgelegt ist oder weiter noch, dass die Aktion dem Konfrontationsgegner bewusstmachen soll, dass er zumindest mit so einer Reaktion rechnen muss, sofern er den Forderungen nicht nachgibt. Deswegen bezeichnet er eine Greenpeace Aktion „als ein Mittelding zwischen direkter (oder koerziver) und demonstrativer Aktion" (Krüger 2000: 22). Dadurch könnten die politische Bedeutung bzw. der politische Einfluss hauptsächlich von der kommunikativen Qualität der Aktion abhängen. Allumfassend besteht der idealtypische politische Sinn einer Aktion nach *Krüger* darin, einen dargestellten Umweltmissstand über das Erregen öffentlicher Aufmerksamkeit zu beseitigen. Die Problematik soll dabei global aufgeworfen werden, damit bei allen Akteuren in ganzer Hinsicht Druck zur ökologisch verantwortlichen Lösung entsteht (vgl. Krüger 2000: 22).

Für das Gelingen dieser Ziele sind dabei eine professionelle Organisation und eine autoritäre Führung – so wie schon die Struktur von Greenpeace beschrieben wurde – sowie die exakte Planung der Aktion erforderlich. Zudem sollte eine gute Infrastruktur für Recherchen, Ausrüstung und Know-how und eine damit verbundene Öffentlichkeitsarbeit im Sinne von Pressearbeit und Anfragenbeantwortung zu Verfügung stehen (vgl. Krüger 2000: 26). Die Öffentlichkeitsarbeit von Greenpeace ist dabei insgesamt sehr stark von den Medien abhängig. Da die Sprache der Aktion jedoch eher auf das „Spektakuläre" aus ist und dadurch weniger argumentativ oder mit Hintergrundinformationen sowie Lösungsvorschlägen behaftet ist, wird sie häufig in punkto Stichhaltigkeit kritisiert. Diese konstruktiven Ansätze können dabei zwar vorhanden sein, aber sie erzeugen weniger Resonanz als die reduzierten Aktionen (vgl. Krüger 2000: 24-27).

Eine generelle Strategie, die Greenpeace bei seiner Arbeit verfolgt, ist das „Bearing witness"-Prinzip. Diese spirituelle Grundhaltung entstammt dem Quäkertum[4] und besagt, dass jeder Mensch der selbst einen Missstand beobachtet, verpflichtet ist, darüber Zeugnis abzulegen und zu protestieren. Wenn er dies unterlässt, ist er selbst mitschuldig. Greenpeace überträgt diese Haltung auf die Natur und verfolgt diese in voller Konsequenz: Die Mitglieder dokumentieren die entdeckten Naturverbrechen und informieren die Öffentlichkeit, damit diese auch zu Zeugen werden, um wiederum weiter Zeugnis abliefern zu können. Im Medienzeitalter entwickelt diese Taktik immer neue Dimensionen, da sich die Individuen kaum noch den Bildern und Aktionen entziehen können. Die Schwierigkeit dabei ist, sowohl falsche Verurteilungen zu unterlassen, als auch richtige Trennungen zwischen den Umweltverschmutzenden und denen zu ziehen, die darin nicht involviert waren. Dennoch zeigt diese Strategie den intensiven Glauben der Organisation daran, dass der Mensch die Welt selbstständig zum Positiven beeinflussen und demnach auch den Umgang mit der Umwelt für eine *nachhaltige Entwicklung* ermöglichen kann (vgl. Altmann/ Fritzler 1995: 14f.).

Die Möglichkeit von Greenpeace, viele Menschen über deren Kampagnen und Aktionen zu erreichen, schöpft die Organisation demzufolge intensiv aus. Der daraus resultierende umweltpolitische Erfolg ist daran aber schwer zu messen. Dazu müssten alle Handlungseffekte der einzelnen umweltpolitischen Akteure differenziert voneinander gemessen werden. Denkbar wäre dennoch, dass die Umweltthemen durch Greenpeace so in die Medien und Öffentlichkeit gelangt sind, was wiederum traditionelle politische Wege oder andere soziale Bewegungen vermutlich in der Intensität nicht geschafft hätten. Dadurch kann Greenpeace auch eine gewisse Agenda-Setting Funktion zugesprochen werden, sie werfen die Themen zwar teilweise nicht komplett neu auf, aber sie können einen Zugang zur Öffentlichkeit schaffen (vgl. Krüger 2000: 26).

---

[4]   Das Quäkertum ist eine christliche Religionsgemeinschaft, die im 17. Jahrhundert in England entstand (vgl. Altmann/ Fritzler 1995: 13).

Zusätzlich dazu kann der politische Einfluss durch die Lobbyaktivitäten[5] der Organisation analysiert werden. Greenpeace selbst bezeichnet die politische Arbeit ihrerseits nicht als Lobbyismus, da es ihnen nicht darum geht, sich selbst Vorteile zu verschaffen, sondern „um den Schutz von Allgemeingütern: unseren Lebensgrundlagen" (Krug 2016). Die NGO führt als Interessenvertreter Gespräche mit Regierungsmitgliedern, wird zu Fachveranstaltungen, Anhörungen im Bundestag sowie in die Ministerien geladen und stellt eigene Studien und Gesetzesentwürfe auf Pressekonferenzen und parlamentarischen Abenden vor. Zudem hat das Greenpeace-Büro in Brüssel 14 Mitarbeiter (vgl. Krug 2016), diese sogenannte *European Unit* von Greenpeace analysiert die Arbeit der europäischen Institutionen, enthüllt politische Prozesse und Gesetzesentwürfe und fordert die Entscheidungsträger dazu auf, fortschrittliche Entscheidungen zu treffen. Sie ist an die zentrale Koordination durch Greenpeace International gebunden, aber auch diese Arbeit ist frei von finanzieller Unterstützung von Regierungen, der EU oder anderen Unternehmen. Auch sie wird nur durch Spendengelder, zur Verfügung gestellt von Greenpeace International, gestützt (vgl. Greenpeace 2015). Auch kann Greenpeace politischen Einfluss über das Netzwerk der sogenannten *Green 10* üben. Diese Gruppe ist ein Zusammenschluss aus zehn Umwelt-NGOs, die gemeinsam in der Politik der EU tätig sind. Sie arbeiten zusammen mit der Europäischen Kommission, dem Europäischen Parlament sowie dem Ministerrat. Dort nehmen sie auch eine beratende Funktion ein und versuchen mit den Institutionen Umweltpolitik voranzubringen, zu verbessern, umzusetzen und zu kontrollieren. Dabei vertreten die NGOs ähnliche Interessen und können so gemeinsam und nicht in Konkurrenz als Zusammenschluss Einfluss ausüben (vgl. Green 10 2017).

Des Weiteren hat Greenpeace Konsultativstatus bei den Vereinten Nationen, sie dürfen also schriftliche Erklärungen zum Beispiel bei Klimakonferenzen abgeben und haben teilweise auch Rederecht (vgl. Furtak 2001: 238). Insgesamt fasst die Organisation ihre eigene Arbeit und ihre Instrumente so zusammen:

> „Das Aufdecken von Umweltskandalen, exemplarisch sichtbar gemacht in öffentlichen Aktionen, die Verantwortliche beim Namen nennen, und die Fähigkeit von Greenpeace, Öffentlichkeit zu mobilisieren, sind das Fundament, auf dem unsere politische Arbeit steht. Greenpeace wird politisch ernst genommen, weil wir nicht nur

---

[5] Greenpeace definiert Lobbyarbeit von vielen anderen Institutionen als Vorteilsbeschaffung, womit jene sich Privilegien, wie Subventionen oder Ausnahmeregelungen, heranholen wollen. Greenpeace möchte sich selbst keine Vorteile beschaffen, sondern den Schutz der Umwelt als allgemeines Interesse vertreten (vgl. Krug 2016).

Fachexpertise bieten, sondern auch Wächter sind und öffentlichen Druck erzeugen können." (Krug 2016).

Die Arbeitsweise von Greenpeace zeigt, dass sie sich aller genannten Instrumente von NGOs (Kapitel 5.3) bedienen, um Einfluss auf politische Prozesse und auf die einzelnen Individuen nehmen zu können. Dabei zeichnet sich ab, dass im Vordergrund das Mittel der Kampagne steht. Die folgenden Erfolge und Defizite sollen zeigen, wie effektiv der Einsatz dieser Instrumente von Greenpeace ist und wie der Einfluss dadurch auf eine *nachhaltige Entwicklung* bisher war.

6.4 Erfolge von Greenpeace

Die Erfolge, die Greenpeace in den Jahren seit der Gründung erzielen konnte, sind auf mehreren Ebenen zu erkennen gewesen. Der Einfluss zeigte sich sowohl auf Konferenzen der Vereinten Nationen, auf europäischer Ebene, als auch in Einzelerfolgen und überregionalen Prozessen. Es folgt daher nur eine Auswahl an Ereignissen im Zusammenhang der *nachhaltigen Entwicklung*.

Ein aktueller Fall der Einflussnahme ist die Veröffentlichung geheimer Unterlagen aus den Verhandlungen des *Transatlantischen Freihandelsabkommens (TTIP)* zwischen den USA und der EU im Mai 2016 durch Greenpeace. Die Verhandlungsdokumente waren bis dahin nicht öffentlich ersichtlich und da die Organisation europäische Standards im Umwelt- und Verbraucherschutz sowie die Energiewende gefährdet sah, veröffentlichte die Pressestelle von Greenpeace in den Niederlanden über hundert Seiten der *TTIP*-Dokumente. So konnte die NGO die europäischen Bürger informieren und sie animieren, sich an den Entscheidungen zu beteiligen. Als Folge sah sich die EU-Kommission unter Druck gesetzt, die Verhandlungen näher zu durchleuchten und da sich die ablehnenden Meinungen durch die Veröffentlichung bestätigt sahen, wuchs die Kritik wie auch das Interesse rund um das Thema (vgl. Greenpeace 2017d; Meyer-Feist 2016).

Im Oktober 2010 organisierte Greenpeace in Deutschland eine Kampagne, in der die NGO in Berlin gesammelte Unterschriften einer Petition, die die Aufnahme des Klimaschutzes als Staatsaufgabe in das Grundgesetz hervorbringen sollte, symbolträchtig mit zehn Transportfahrrädern ablieferte. Insgesamt zählte die Petition 363.867 Unterschriften, obwohl eigentlich nur 50.000 für eine vollständige Petition nötig gewesen wären. In dieser Form hatte Greenpeace Deutschland zuvor nicht agiert und zeigte so eine neue Form von aktiver Politikgestaltung (vgl. Deutscher Bundestag 2010). Zwar konnte der Artikel 20a (Kapitel 1) aus dem Grundgesetz noch nicht um die klare Einbeziehung des Klimaschutzes erweitert werden, dennoch forderte die Partei *Die Grünen* Anfang 2016 erneut die Aufnahme des Klimaschutzes als Ziel, um den Klimazielen der Weltklimakonferenz aus Paris gerecht zu werden (vgl. Zeit Online 2016).

Auch die Wissenschaftlichen Dienste des Deutschen Bundestages[6] veröffentlichten im selben Jahr eine Stellungnahme zu dem Thema, indem unter anderem die Frage der Aufnahme von Nachhaltigkeit als Staatsziel neu angesprochen wurde – eine Einigung oder konkrete Erweiterung des Grundgesetztes erfolgte bisher nicht (vgl. Deutscher Bundestag 2016: 9). Die Aufnahme des Themas Klimaschutz im Bundestag könnte als Beispiel für eine Einflussnahme von NGOs auf die Instrumente der direkten Akteure gelten.

Eine weitere bedeutungsvolle Einflussnahme von Umweltorganisationen auf Regierungsverhandlungen war die Kampagne *Greening the Treaty*. Im Jahr 1995 forderte eine Gruppe von Umweltorganisationen gemeinsam mit Greenpeace eine Reihe von Zielen und institutionellen Reformen rund um eine *nachhaltige Entwicklung* gegenüber der Regierungskonferenz des Amsterdamer-Vertrages, der Bestimmungen für die Europäische Union festlegte. In der Folge hat sich die EU auf das Prinzip der *nachhaltigen Entwicklung* festgelegt. Sie hat sich verpflichtet, die Belange des Umweltschutzes bei ihren Aktivitäten zu berücksichtigen und generell wurden die Rechte des Europäischen Parlaments im umweltpolitischen Entscheidungsprozess erweitert (Furtak 2000: 126f.). So konnte Greenpeace anteilig das Thema Nachhaltigkeit für die EU voranbringen.

Sehr erfolgreich war zudem die Entwicklung des *SolarChill*, einem Medikamentenkühler, der allein durch Solarenergie läuft und dadurch wichtige Medikamente oder Impfstoffe umwelt- und klimafreundlich konstant kühlt. Angestoßen wurde das Projekt durch Greenpeace in Zusammenarbeit mit dem Vereinte Nationen Umweltprogramm UNEP. Es diente dem Ziel, den Menschen in Entwicklungsländern ohne

---

[6] „Die Wissenschaftlichen Dienste des Deutschen Bundestages unterstützen die Mitglieder des Deutschen Bundestages bei ihrer mandatsbezogenen Tätigkeit. Ihre Arbeiten geben nicht die Auffassung des Deutschen Bundestages, eines seiner Organe oder der Bundestagsverwaltung wieder. Vielmehr liegen sie in der fachlichen Verantwortung der Verfasserinnen und Verfasser sowie der Fachbereichsleitung. Arbeiten der Wissenschaftlichen Dienste geben nur den zum Zeitpunkt der Erstellung des Textes aktuellen Stand wieder und stellen eine individuelle Auftragsarbeit für einen Abgeordneten des Bundestages dar." (Deutscher Bundestag 2016: 2).

funktionierende Stromnetze die medizinische Versorgung zu ermöglichen. Der *SolarChill* konnte mit anderen Partnerorganisationen entwickelt werden und erhielt 2010 eine Zertifizierung von der Weltgesundheitsorganisation und kann seitdem eingesetzt werden (vgl. Greenpeace 2017f), er hat also sowohl eine soziale, als auch ökologisch *nachhaltige Entwicklung* gefördert.

6.5 Grenzen und Defizite

Bei der möglichen Einflussnahme von NGOs am politischen Prozess wirft sich vordergründig eine nicht zu ignorierende Frage auf: Wodurch sind NGOs legitimiert? Zwar kann Akteuren wie Greenpeace (allgemein den NGOs) ein Demokratisierungspotential im Hinblick auf die Europäische Union zugesprochen werden, weil sie europaweite gesellschaftliche Interessen auf der EU-Ebene „artikulieren, organisieren und repräsentieren" (vgl. Furtak 2000: 255). Sie können Willensbildungsprozesse in den Organen transparent machen und weiter noch durch Informations- und Kommunikationskanäle eine europäische Öffentlichkeit herstellen und damit zur Kontrolle der Entscheidungsträger beitragen und gleichzeitig (umweltrelevante) gesellschaftliche Interessen für eine europaweite Diskussion öffnen (vgl. Furtak 2000: 255f.). Wie einflussreich dieses Demokratisierungspotential auch bewertet werden mag, dennoch haben NGOs ein Legitimationsdefizit, da sie streng genommen nicht gewählt sind (vgl. Gebauer 2001: 119), selbst einer Kontrolle entzogen sind und auch keine Verantwortung für ihre Aktivitäten gegenüber der Allgemeinheit tragen (vgl. Furtak 2000: 257). So gibt es auch Stimmen, die umweltpolitisches Handeln der Individuen über NGOs eher als „Partizipation durch bürgerliches Engagement" sowie „Beteiligung an Herrschaftsausübung" bezeichnen, wobei es „zweifelhaft [ist], ob das schon einem anspruchsvollen Demokratiebegriff genügt" (Demirovic 2001: 143).

Greenpeace vertritt das allgemeine Interesse an Umweltschutz, unklar ist jedoch, in welchem Maß der Organisation Zustimmung durch die Öffentlichkeit zugutekommt. Es handelt sich bei Greenpeace eher weniger um einen Mitgliedsverband, da die Entscheidungsmacht aus Effizienz- und Spezialisierungsgründen nur einer begrenzten Anzahl von Mitgliedern möglich ist. Dies kann wiederum für ein innerorganisatorisches Demokratiedefizit sprechen (vgl. Furtak 2000: 257). Eine weitere Folge der Entwicklung von Greenpeace zu der professionalisierten Organisationsstruktur ist die Entfernung von der Bearbeitung lokaler Probleme, da in solchen Fällen, wie zum Beispiel dem Kampf gegen eine lokale Mülldeponie, die Partizipation der direkt Betroffenen einfacher ist. Greenpeace gilt in diesem Zusammenhang eher als eine konzentriert arbeitende, aber global denkende, Organisation, die sich insgesamt dem Schutz der Umwelt zuwendet und kleinere Einzelbelange nicht behandeln kann. Dies spricht also zusätzlich zu der sehr spezialisierten und hierarchisch angeordneten Organisationsstruktur auch dafür, dass es sich bei Greenpeace um eine unnahbare und um keine Organisation „zum Anfassen", sondern „zum Anschauen" handelt (vgl. Krüger 2000: 31).

Aus dem Vorsprung der vom Staat finanziell (und parteilich) unabhängigen NGOs, wie Greenpeace, dass sie ein hohes Maß an Glaubwürdigkeit wegen uneigennützig vertretener Umweltinteressen genießen, kann zugleich auch eine Herausforderung oder gar ein Defizit entstehen. Denn die Unabhängigkeit von staatlichen Instanzen bedeutet im Umkehrschluss eine Abhängigkeit vom Fundraising der Organisation. Jedes Projekt, die Forschungen sowie die Personal- und Verwaltungskosten müssen über Spenden abgedeckt werden, was eine Marketingabteilung notwendig macht. Schließlich kann es sich um eine Gratwanderung zwischen professionellem Marketing einer glaubwürdigen Botschaft und lediglich kommerziell wahrgenommener Werbung handeln. So können zu niedrige Spendeneinnahmen die Einflussfähigkeit der jeweiligen Organisation auf den politischen Diskurs und dementsprechend auch auf die (Umwelt-)Ziele gefährden (vgl. Frantz/ Martens 2006: 129f.).

Ein Beispiel von Aktivitäten durch Greenpeace, die nicht zum gesteckten Ziel geführt haben, ist der Fall einer Klage der Organisation gegenüber der Europäischen Kommission. Diese hatte in den 1990er Jahren zwei Ölkraftwerke auf den Kanarischen Inseln aus Mitteln des Strukturfonds finanziert und im Voraus wurde keine Umweltverträglichkeitsprüfung durchgeführt. Der Vorwurf, dass die Gelder nicht umweltverträgliche und nicht dem Ziel der Kommission entsprechende Energien fördern würden, wurde mit der Begründung, dass es Umweltgruppen und Einzelpersonen an der in Artikel 230 des EG-Vertrags[7] vorausgesetzten „individuellen Betroffenheit" mangelt, abgewiesen (vgl. Furtak 2000: 122). Dieser Fall zeigt, dass Greenpeace nicht in allen Umweltbelangen stellvertretend für die und mit der betroffenen Gruppe deren Umweltziele einfordern und umsetzen kann.

---

[7]   Artikel 230 Absatz 4 EGV entspricht der alten Fassung, die neuen Richtlinien entstammen dem "Vertrag über die Arbeitsweise der Europäischen Union". Das in dem Fall angesprochene Gesetz lautete: „Jede natürliche oder juristische Person kann unter den gleichen Voraussetzungen gegen die an sie ergangenen Entscheidungen sowie gegen diejenigen Entscheidungen Klage erheben, die, obwohl sie als Verordnung oder als eine an eine andere Person gerichtete Entscheidung ergangen sind, sie unmittelbar und individuell betreffen."

6.6 Fallbeispiel

Als Fallbeispiel sollen alle Geschehnisse rund um die Aktion von Greenpeace bei *Brent Spar* gelten, da sie sehr gut die Chancen und Risiken der Tätigkeiten von NGOs darstellen. Im Jahr 1995 genehmigte die britische Regierung dem *Shell*-Konzern die Versenkung der 14.500t schweren Ölplattform *Brent Spar* im Atlantik, Greenpeace wollte diese umweltschädliche Entsorgung industrieller Altlasten nicht dulden. Die Organisation fürchtete, dass sich die Auswirkungen der geschätzten Restölmengen auf das marine Ökosystem negativ auswirken könne weiter noch die Versenkung des Depots beispielhaft für zukünftige Entsorgungsstrategien wirken könne. Schließlich plante die Organisation eine Besetzung der Plattform, die ihr nach der Anreise mit einem Schiff auch gelang. Von der Öffentlichkeit bis dahin kaum wahrgenommen, erreichten die Bilder der Besetzung durch die Medien in kurzer Zeit eine immense Erweckung des öffentlichen Interesses. Reporter und Kamerateams unterstützten die Inszenierung des Kampfes von „David gegen Goliath", weil die Handlungen der Aktivisten in den Medien als sehr gefährlich und aufopferungsvoll dargestellt wurden. Kurze Zeit später wuchs der Druck auf *Shell* enorm, da es eine große Welle von Solidaritätsbekundungen aus verschiedenen Richtungen gab. Die damalige deutsche Umweltministerin Angela Merkel plädierte gegen die Versenkung und auch der damalige deutsche Bundeskanzler Helmut Kohl bat den britischen Premierminister, die Erlaubnis zurückzuziehen. Große Teile der britischen und deutschen Bevölkerung traten auf dem Festland gegen die Entsorgung ein, sodass *Shell* sich kurz darauf veranlasst sah, die Entsorgung zurückzuziehen und danach sogar eine große Anzeigenkampagne unter dem Titel „Wir werden uns ändern" organisierte, sogar ein sinkender Unternehmenswert war die Folge.

Insgesamt wurde Greenpeace über den Verlauf der Aktion auch zu anderen Kampagnen und Zielen eine große Unterstützung durch die Öffentlichkeit zugesprochen. Jedoch nur bis im Zuge der Entsorgung an Land festgestellt werden konnte, dass die geschätzte Restölmenge nicht der Realität entsprach und die Menge wesentlich geringer war. Greenpeace hatte die schnell zugelieferten Informationen über die Daten der *Brent Spar* aus einem Gutachten entnommen, dem ein Schätzfehler zugrunde lag, zudem wurden die Inhalte nicht genügend geprüft. Im Laufe der Kampagne wurden diese aber immer wieder angepriesen – infolgedessen wurde die Organisation falscher Angaben beschuldigt, was ihr einen großen Schaden für das Image zufügte. Es folgte eine öffentliche Entschuldigung gegenüber *Shell*, in der auch auf den Messfehler seitens Greenpeace hingewiesen wurde, aber auch das konnte den Vorwurf, dass die Öffentlichkeit belogen wurde, nicht besänftigen. Greenpeace hat in diesem Fall die Erfahrung machen müssen, an Glaubwürdigkeit zu verlieren (vgl. Frantz/ Martens 2006: 13, 15; Koch 2014: 84, 130).

Dieses Beispiel zeigt resümierend sowohl die immense Reichweite, die eine Aktion von Greenpeace auf die öffentliche Meinung und gleichzeitig auf die politische haben kann, während ein unentdeckter Messfehler die gesamte Arbeit wieder abschwächt und die ganze Organisation am Ende einen langwierigen Imageverlust erleiden muss, der in dem Zuge auch den positiven Einfluss auf eine *nachhaltige Entwicklung* gefährdet.

7 Fazit

7.1 Resümee

Bei der Beantwortung der Frage, wer eine *nachhaltige Entwicklung* voranbringen und fördern kann, gibt es verschiedene Denkansätze. Grundsätzlich wäre es nicht falsch zu behaupten, dass jeder einzelne Beitrag, der die nachhaltige Dimension berücksichtigt und miteinbezieht, wichtig ist. Diese Tatsache soll in dieser Arbeit aber nicht näher untersucht werden, sondern eher die Frage, welche Akteure überhaupt auf dem Weg der *nachhaltigen Entwicklung* wo anzusiedeln sind und wie das Handeln den gesamten Prozess unterstützt. So konnte in Kapitel 2 und 3 bereits herausgearbeitet werden, dass das Herausbilden eines Umweltbewusstseins sowie das Setzen politisch-rechtlicher Rahmenbedingungen für Umweltleitplanken essentiell sind. Es hat sich ebenfalls herausgestellt, dass es zumindest in Deutschland und der Europäischen Union bereits politische Handlungsinstanzen, wie nationale Umweltschutzgesetze bzw. eine Nachhaltigkeitspolitik gibt. Zudem fungieren zwischenstaatliche Bündnisse oder Netzwerke als Austauschforum oder handeln gar mit bindenden Umweltverträgen. Zu nennen wären hier die Umweltkonferenzen, initiiert durch die Vereinten Nationen, aus denen zum Beispiel das verbindliche Abkommen von Kyoto über den Umgang mit klimaschädlichen Emissionen oder das Ablöse-Programm des Pariser Abkommens entstanden. Auch die Umwelt-Ziele der Europäischen Union sind breit aufgestellt und in Artikel 191 des Vertrags über die Arbeitsweise der Europäischen Union geregelt. Zusammenfassend beinhaltet dieser Artikel folgende Ziele: Die Erhaltung und den Schutz der Umwelt sowie die Verbesserung ihrer Qualität; den Schutz der menschlichen Gesundheit; eine umsichtige und rationelle Verwendung der natürlichen Ressourcen; die Förderung von Maßnahmen auf internationaler Ebene zur Bewältigung regionaler oder globaler Umweltprobleme und insbesondere zur Bekämpfung des Klimawandels. Die Voraussetzung eines politisch-rechtlichen Rahmens mit Veränderungspotential für umweltfreundliche und demnach *nachhaltige Entwicklungen* ist also schon gegeben.

Im Rahmen dieser Arbeit sollte zusätzlich analysiert werden, welche Rolle NGOs in nachhaltigen Entwicklungsprozessen spielen können. Dabei kann der Einfluss grundsätzlich über zwei Wege und auf zwei Bereiche ausgeübt werden. Zu unterscheiden ist der Einfluss auf die politischen Prozesse und auf die öffentliche Meinung, also auf die zivilgesellschaftlichen Individuen. Des Weiteren wurde der Einfluss über Lobbyaktivitäten, also über politisches Arbeiten der Organisationen, aber auch der Einfluss über Kampagnen und Öffentlichkeitsarbeit untersucht. Dabei konnten die tatsächlichen Erfolge am Beispiel von Greenpeace zumindest den informativen Einfluss auf beide Akteure belegen. NGOs können durch intensive Forschungen, wie am Beispiel der Veröffentlichung der *TTIP* Papiere (dazu Kapitel 6.5), und daran orientierte Kampagnen, Informationen liefern, die Wahrheit und damit unter Umständen auch nicht nachhaltige Prozesse aufdecken. Mit dieser Offenlegung von politischen oder unternehmerischen Vorgängen wird so starker Druck ausgeübt, der sowohl die öffentliche Meinung, als auch die Meinung der politischen Entscheidungsträger beeinflussen kann. Im Rahmen dieser Arbeit wurde deutlich, dass die Öffentlichkeits- und Medienarbeit zumindest bei Greenpeace das zentrale Instrument zur Ausübung von öffentlichem Druck darstellt. Dabei ist fraglich, wie zielführend diese Kommunikationsleistung ist. Geht es lediglich darum, eine bildende Umweltaufklärung zu liefern, ist es als sehr effektiv zu bewerten, da das Medienzeitalter genügend Kanäle dafür liefert. Sollen allerdings die Instrumente der direkten politisch entscheidenden Akteure beeinflusst werden, so fällt das Urteil nicht so sehr positiv aus. *Jörg Waldmann* (2005: 267) beschreibt den Einfluss von NGOs in diesem Zusammenhang als Einfluss auf den Verhandlungs*prozess* anstatt auf die Ausformulierung der Ge- und Verbote. Die politische Einflussnahme erfolgt daher eher punktuell und in Form von Agenda-setting, was auch als Erfolg deklariert werden kann, wenn das jeweilige Umweltthema dadurch differenziert behandelt wird. Unter diesem Aspekt kommt diese Arbeit zu dem Schluss – in Anlehnung an die Formulierungen von *Waldmann* (2005: 261f.) – dass den NGOs und hier auch Greenpeace in solchen Fällen eine „situationsabhängig determinierte Machtposition" zugewiesen werden kann. Greenpeace und andere NGOs können durch ihre Unabhängigkeit und dessen, auf das Allgemeinwohl orientierte, Verhalten sowie das damit zusammenhängende hohe Maß an Glaubwürdigkeit, als Mitspieler, Beobachter und Kontrolleure im politischen Prozess gewertet werden. Dennoch zeigen die geringen Machtpotentiale in Bezug auf die Einflussnahme auf direkte Instrumente der Politik, dass sie weiterhin kein Stimmrecht haben, sondern nur eine Stimme (dazu auch Waldmann 2005: 302). Gebunden an die Glaubwürdigkeit der Organisation stellt sie aber auch eine Verpflichtung dar, wie der Vorfall um *Brent Spar* zeigen konnte, da unwahre Informationen in Kampagnen zu Image- und Solidarisierungsverlust führen.

Insgesamt ist vielen NGOs wie auch Greenpeace eine strikte Nachhaltigkeitsposition (Kapitel 4) nachzusagen, weil sie ein allumfassendes Umdenken sowie Umsteuern in Bezug auf die Umwelt und Nachhaltigkeit fordern und als einzigen Weg sehen – damit stellen sie für die Einleitung einer starken *nachhaltigen Entwicklung* eine zentrale Akteursgruppe dar (dazu auch Rogall 2012: 297).

7.2 Erkenntnisse und Ausblick

Die Frage, die sich durch die vorangegangenen Ausführungen ergibt, ist nun, was daraus für Schlüsse für das zukünftige Verhalten aller Akteure auf dem Weg der *nachhaltigen Entwicklung* abgeleitet werden können. Dabei sollte zu Beginn dieser Ausführung eine kritische Nachhaltigkeit beachtet werden. Im Zuge der Recherche über eine *nachhaltige Entwicklung* hat sich gezeigt, dass es wenige Antworten auf die Frage gibt, ob wirtschaftliches Wachstum in der Zukunft überhaupt wirklich mit dem Schutz der Umwelt vereinbar ist. In diesem Kontext ist auch fraglich, inwieweit die Prognosen über die Klimaveränderung und alle damit verbundenen Folgen so eintreten oder noch beeinflussbar sind, wenn das Verhalten jetzt umweltfreundlicher wird. Auch konnte die Komplexität des Begriffes zeigen, dass es weder nur einen Weg der *nachhaltigen Entwicklung* gibt, noch ob dieser bereits alle Faktoren und Dimensionen berücksichtigt hat. Aufgrund der teilweisen Unklarheiten über nachhaltige Prozesse und Entwicklungen sollte auch die Schlussfolgerung, dass NGOs grundsätzlich Einfluss auf diese Entwicklung üben können, kritisch betrachtet werden. In dem Zusammenhang ist auch anzumerken, dass eine verallgemeinernde Bewertung der Durchsetzungsfähigkeit von NGOs durch die Tatsache erschwert wird, dass Umwelt-NGOs teilweise sehr heterogene Interessen vertreten und daher nicht unbedingt als ein Akteur untersucht werden sollten.

Trotzdem kommt die altruistische Haltung vieler NGOs dem Prozess und der Entwicklung der Nachhaltigkeit zugute. Der Vorsprung, den die uneigennützigen und langfristig gedachten Umweltziele der NGOs beispielweise gegenüber den eher kurzfristigen Zielen einiger Akteure, wie Macht, Prestige oder Karriere, darstellen, sind nicht von der Hand zu weisen. Wenn alle Akteure nur von Eigeninteresse geprägt wären, würde die Generationengerechtigkeit für eine *nachhaltige Entwicklung* gar nicht beachtet werden. So können Umwelt-NGOs der Umwelt über ihr Handeln eine Stimme geben. Was dem nachhaltigen Prozess insgesamt auch Vorteile beschafft, ist die steigende mediale Vernetzung als Chance für die Arbeit der NGOs und generell im Prozess der Nachhaltigkeit. Heute kann über verschiedene Kanäle der Medien Aufklärung über die entscheidenden Themen für die Gegenwart und Zukunft geleistet werden. Die aktuellen Beiträge über den G20-Gipfel in Hamburg liefern dafür ein gutes Beispiel: Greenpeace war bei den Protesten gegenüber den Verhandlungen bei G20 vertreten und machte sich für striktere Umweltziele stark (vgl. Norddeutscher Rundfunk 2017), dabei nutzten sie das große Nachrichtenangebot, welches die Zuschauer auf diese und andere Aktivitäten der Organisation aufmerksam machte. Dadurch konnte die öffentliche Meinung noch weiter für das Thema Nachhaltigkeit sensibilisiert werden. Auch ist die Arbeit der NGOs in dem Zusammenhang wichtig, dass auf staatlicher oder zwischenstaatlicher Ebene häufig das Wissen über Umweltprobleme und deren Lösungen nicht ausreicht, sodass die Forschungen beispielsweise von Greenpeace hinzugezogen werden. Dieser Fall kann dabei auch als „Tauschgeschäft" verstanden werden, da damit den NGOs die Teilnahme am politischen Prozess genehmigt wird und die Regierung daraus Wissensressourcen zieht (dazu auch Waldmann: 263). Deswegen kann die Frage aufgeworfen werden, ob sich die Arbeit der NGOs – trotz Legitimationsdefizit – um eine neue Form von Demokratie handelt. Zumindest wird in der Diskussion darüber häufig von der Entwicklung einer neuen Form politischen Handelns gesprochen (vgl. Demirovic 2001: 150).

Im diesem Zusammenhang kann die Arbeit von NGOs auch als Ausdruck gesellschaftlichen Wandels gewertet werden, den die Organisationen selbst mitgestalten. Er stellt erneut das Potential heraus, indem Nichtstaatliche Umweltorganisationen eine *nachhaltige Entwicklung* einleiten. Der Wandel wird auch dadurch bestärkt, dass NGOs in die Planung der *Agenda 21 Ziele* (dazu Kapitel 2.2) mit einbezogen wurden und zudem einen festen Bestandteil in der Implementierung der Ziele auf nationaler Ebene ausmachen, sie wurden in den Verträgen der Umsetzung schriftlich festgelegt (vgl. Bundesministerium für Umwelt, Naturschutz und Reaktorsicherheit 1992: 250). Internationale Zusammenschlüsse, sei es über Organisationsverbände oder über Instanzen wie die Vereinten Nationen erweisen sich insgesamt bei der Planung und Umsetzung einer nachhaltigen Zukunft als sehr hilfreich. Sie dienen dem Wissensaustausch, bilden ein Netzwerk und sind essentiell für die Behandlung globaler Themen, da es sonst keine globale Überwachungsinstanz gibt. Des Weiteren wirken sie dem schon genannten Trittbrettfahrer Verhalten einzelner Akteure entgegen, da internationale Verträge die Akteure zu einem umweltfreundlichen Handeln verpflichten. Im Hinblick auf die Gesamtheit der Konferenzen, Aktionen und Gesetze aller Nachhaltigkeitsakteure ist es aber – gesondert zu dem Untersuchungsgegenstand dieser Arbeit – unerlässlich, dass es ein grundsätzliches Umdenken im privaten, unternehmerischen und politischen Handeln geben muss. Damit die Umweltziele der großen Zusammenschlüsse allumfassend umgesetzt werden können, reichen nicht nur einzelne politische Beschlüsse oder das Einsetzen einer Nichtstaatlichen Organisation gegen ein punktuelles umweltpolitisches

Vergehen. Folglich sollte eine *nachhaltige Entwicklung* beispielsweise schon grundlegend in die globalen Bildungssysteme integriert werden. Organisationen, wie Greenpeace, kann in diesem Zusammenhang nämlich kein großer direkter Einfluss auf beispielsweise Emissionen-Reduktionsziele zugesprochen werden. Der Prozess der *nachhaltigen Entwicklung* ist es aber, der durch ausdauernde Institutionen beeinflusst werden kann. So bietet Greenpeace für jenen Prozess ein bildendes, auf Umweltinformation basierendes Veränderungspotential.

Resümierend stellen die NGOs im Prozess der *nachhaltigen Entwicklung* einen wichtigen, wenn nicht sogar unersetzlichen, Akteur dar, der durch finanzielle und parteiliche Unabhängigkeit, gepaart mit professionellen Recherchen und professioneller Kommunikation einen glaubwürdigen und ernst zu nehmenden Partner bildet. Nur wenn diese Faktoren gewährleistet sind, kann die Arbeit der NGOs alle ihre beschriebenen positiven Effekte für eine nachhaltige Zukunft entfalten. Dabei darf nicht außer Acht gelassen werden, dass NGOs zwar eine kontrollierende Funktion im politischen Prozess ausüben, selbst aber nicht kontrolliert werden und streng genommen nicht legitimiert sind. Deswegen muss auch die Arbeit der glaubwürdigen Organisationen wie Greenpeace stets kritisch hinterfragt werden, damit sie weiterhin ihren Beitrag für eine *nachhaltige Entwicklung* leisten können.

Literaturverzeichnis

Albrow, Martin (1998): Abschied vom Nationalstaat. Staat und Gesellschaft im Globalen Zeitalter, Frankfurt am Main.

Altmann, Christian/ Fritzler, Marc (1995): Greenpeace. Ist die Welt noch zu retten?, Düsseldorf.

Bardt, Hubertus (2011): Emissionsvermeidung oder Anpassung an den Klimawandel: Welche Zukunft hat die

Klimapolitik?, in: ifo Institut für Wirtschaftsforschung (Hrsg.): ifo Schnelldienst 5/2011, Jg. 64, Nr. 5, S. 5-8.

Bartmann, Hermann (1996): Umweltökonomie – ökologische Ökonomie, Stuttgart.

Behrens, Brigitte (1996): Greenpeace International, in: Greenpeace (Hrsg.): Das Greenpeace Buch. Reflexionen und Aktionen, München, S. 82-91.

Bode, Thilo (1996): Am Wendepunkt – Zur Stellung von Greenpeace in der Gesellschaft, in: Greenpeace (Hrsg.): Das Greenpeace Buch. Reflexionen und Aktionen, München, S. 254-265.

Bundesamt für Naturschutz (2010): Steckbrief Greenpeace, https://www.bfn.de/0310_steckbrief_greenpeace.html, (24.06.2017).

Bundesministerium für Umwelt, Naturschutz und Reaktorsicherheit (1992): Agenda 21, Bonn.

Bundesministerium für Umwelt, Naturschutz, Bau und Reaktorsicherheit (2017a): Auf dem Weg zu einem neuen

Klimaabkommen. Die Weltklimakonferenz in Paris 30. November bis 11. Dezember 2015, http://www.bmub.bund.de/cop21/#c110, (31.05.2017).

Bundesministerium für Umwelt, Naturschutz, Bau und Reaktorsicherheit (2017b): Kyoto-Protokoll, http://www.bmub.bund.de/themen/klima-energie/klimaschutz/internationale-klimapolitik/kyoto-protokoll/, (31.05.2017).

Bundesministerium für wirtschaftliche Zusammenarbeit und Entwicklung (2017a): Die Nachhaltigkeitsagenda und die Rio-Konferenzen. Der Weg zur Agenda, https://www.bmz.de/de/ministerium/ziele/2030_agenda/historie/rio_plus20/index.html, (21.05.2017).

Bundesministerium für wirtschaftliche Zusammenarbeit und Entwicklung (2017b): Die Rio-Konferenz 1992. Im Detail: Der Rio-Prozess seit 1992, https://www.bmz.de/de/ministerium/ziele/2030_agenda/historie/rio_plus20/umweltgipfel/index.html, (31.05.2017).

Bundeszentrale für politische Bildung (2011): Ziele und Grundsätze der Vereinten Nationen, http://www.bpb.de/internationales/weltweit/vereinte-nationen/48577/ziele-und-grundsaetze, (21.05.2017).

Clement, Reiner/ Kiy, Manfred/ Terlau, Wiltrud (2013): Angewandte Makroökonomie. Makroökonomie, Wirtschaftspolitik und nachhaltige Entwicklung mit Fallbeispielen, 5. Auflage, München.

Demirovic, Alex (2001): NGO, Staat und Zivilgesellschaft. Zur Transformation von Hegemonie, in: Brand, Ulrich et.al. (Hrsg.): Nichtregierungsorganisationen in der Transformation des Staates, Münster, S. 141-168.

Deutscher Bundestag (1971): Umweltprogramm der Bundesregierung, BT-Drs.: 6/2710.

Deutscher Bundestag (2010): Greenpeace übergibt Unterschriften für Klimaschutz-Petition, https://www.bundestag.de/dokumente/textarchiv/2010/31984867_kw43_goering_eckardt_greenpeace/203086, (02.07.2017).

Deutscher Bundestag (2016): Klimaschutz im Grundgesetz, Wissenschaftliche Dienste 3 - 3000 - 178/16.

Diefenbacher, Hans et.al. (1997): Nachhaltige Wirtschaftsentwicklung im regionalen Bereich – Ein System von ökologischen, ökonomischen und sozialen Indikatoren, Heidelberg.

Frantz, Christiane/ Martens, Kerstin (2006): Nichtregierungsorganisationen (NGOs), Wiesbaden.

Furtak, Florian (2001): Nichtregierungsorganisationen (NGOs) im politischen System der Europäischen Union. Strukturen – Beteiligungsmöglichkeit – Einfluß, München.

Gebauer, Thomas (2001): „... von niemandem gewählt!". Über die demokratische Legitimation von NGO, in: Brand, Ulrich et.al. (Hrsg.): Nichtregierungsorganisationen in der Transformation des Staates, Münster, S. 95-119.

Global Policy Forum (2017): ECOSOC Resolution 1296 (XLIV), https://www.globalpolicy.org/component/content/article/177/31832.html, (16.06.2017).

Green 10 (2017): About us, https://www.green10.org/about-us/, (29.06.2017).

Greenpeace (2014): Aktionen, Erfolge und Geschichte, Hamburg.

Greenpeace (2015): Greenpeace European Unit, http://www.greenpeace.org/eu-unit/en/, (29.06.2017).

Greenpeace (2016): Jahresbericht 2015. Greenpeace: Kampagnen, Struktur, Bilanz, Erträge und Aufwendungen, Hamburg.

Greenpeace (2017a): 40 Jahre Greenpeace International, http://www.greenpeace.de/themen/uber-uns/40-jahregreenpeace-international, (21.06.2017).

Greenpeace (2017b): Die Greenpeace-Geschichte. Green & Peace = Greenpeace, http://www.greenpeace.de/historie, (21.06.2017).

Greenpeace (2017c): Die Gründer. Visionäre der ersten Stunde, https://www.greenpeace.de/die-gruender, (21.06.2017).

Greenpeace (2017d): Erfolge aus 45 Jahren. Umweltarbeit wird belohnt, http://www.greenpeace.de/greenpeace-erfolge, (02.07.2017).

Greenpeace (2017e): Greenpeace stellt sich vor. So handelt Greenpeace, http://www.greenpeace.de/ueber-uns/greenpeace-stellt-sich-vor, (21.06.2017).

Greenpeace (2017f): SolarChill - eine Chance für die Armen. Greenpeace entwickelt Solar-Kühlschrank für Impfstoffe, https://www.greenpeace.de/themen/klimawandel/klimaschutz/solarchill-eine-chance-fuer-die-armen, (02.07.2017).

Greenpeace (2017g): Welche Welt wollen wir? Eine Welt für alle, https://www.greenpeace.de/themen/umwelt-gesellschaft, (28.06.2017).

Greenpeace International (2017a): Greenpeace structure and organisation, http://www.greenpeace.org/international/en/about/how-is-greenpeace-structured/, (21.06.2017).

Greenpeace International (2017b): Our core values, http://www.greenpeace.org/international/en/about/our-core-values/, (28.06.2017).

Gremmelspacher (2005): NGOs und Staaten. Die Partizipation transnationaler nichtstaatlicher Organisationen an staatlichen Entscheidungsprozessen, Basel.

Hauff, Volker (1987): Unsere gemeinsame Zukunft – Der Brundtland-Bericht der Weltkommission für Umwelt und Entwicklung, Greven.

Heins, Volker (2002): Weltbürger und Lokalpatrioten. Eine Einführung in das Thema Nichtregierungsorganisati-onen, Opladen.

Koch, Leif (2014): Der politische Einfluss von Greenpeace. Lobbying im Bereich der europäischen Chemikalienregulierung, Wiesbaden.

Krug, Stefan (2016): Die politische Arbeit von Greenpeace, https://www.greenpeace.de/themen/ueber-uns/die-politische-arbeit-von-greenpeace, (29.06.2017).

Krüger, Christian (2000): Kommunikation der Aktion. Grundzüge der Kommunikationspolitik, nach der Praxis entworfen, in: Krüger, Christian/ Müller-Hennig, Matthias (Hrsg.): Greenpeace auf dem Wahrnehmungsmarkt. Studien zur Kommunikationspolitik und Medienresonanz, Münster/ Hamburg/ London, S. 19-33.

Krüger, Christian/ Müller-Hennig, Matthias (1999): Wahrnehmungsprozesse, Kommunikationspolitik: Greenpeace als Unikum und Exempel. Statt einer Einleitung, in: Krüger, Christian/ Müller-Hennig, Matthias (Hrsg.): Greenpeace auf dem Wahrnehmungsmarkt. Studien zur Kommunikationspolitik und Medienresonanz, Münster/ Hamburg/ London, S. 9-16.

Lexikon der Nachhaltigkeit (2015): NGO: Zivilgesellschaft, https://www.nachhaltigkeit.info/artikel/ngo_linkliste_1470.htm, (16.06.2017).

Luks, Fred (2002): Nachhaltigkeit, Hamburg.

Meadows, Dennis et.al. (1972): Die Grenzen des Wachstums. Bericht des Club of Rome zur Lage der Menschheit, Stuttgart.

Meyer-Feist, Andreas (2016): Europäer unter Druck - USA in der Kritik. Veröffentlichung der TTIP-Dokumente, https://www.tagesschau.de/ausland/ttip-233.html, (02.07.2017).

Norddeutscher Rundfunk (2017): Tausende lassen G20-"Protestwelle" schwappen, http://www.ndr.de/nachrichten/hamburg/Tausende-lassen-G20-Protestwelle-schwappen,gipfelproteste110.html, (06.07.2017).

Presse- und Informationsamt der Bundesregierung (2016): Die G7. GRUPPE DER SIEBEN, https://www.bundesregierung.de/Content/DE/Statische-Seiten/Breg/G7G20/G7-G8-uebersicht.html, (10.06.2017).

Presse- und Informationsamt der Bundesregierung (2017): Die deutsche G20-Präsidentschaft, https://www.g20.org/Webs/G20/DE/G20/Themen/themen_node.html, (06.07.2017).

PricewaterhouseCoopers (2012): Kriterienkatalog 2012 Beispiele zum IDW RS HFA 21, Frankfurt am Main.

Pufé, Iris (2014): Nachhaltigkeit, 2. Auflage, Konstanz/ München.

Regionales Informationszentrum der Vereinten Nationen für Westeuropa (2017): Nichtregierungsorganisationen (NGOs) und die Vereinten Nationen, https://www.unric.org/de/aufbau-der-uno/85, (16.06.2017).

Rogall, Holger (2002): Neue Umweltökonomie – Ökologische Ökonomie. Ökonomische und ethische Grundlagen der Nachhaltigkeit, Instrumente zu ihrer Durchsetzung, Opladen.

Rogall, Holger (2003): Akteure der nachhaltigen Entwicklung. Der ökologische Reformstau und seine Gründe, München.

Rogall, Holger (2004): Ökonomie der Nachhaltigkeit. Handlungsfelder für Politik und Wirtschaft, Wiesbaden.

Rogall, Holger (2011): Grundlagen einer nachhaltigen Wirtschaftslehre. Volkswirtschaftslehre für Studierende des 21. Jahrhunderts, Marburg.

Rogall, Holger (2012): Nachhaltige Ökonomie. Ökonomische Theorie und Praxis einer Nachhaltigen Entwicklung, 2. Auflage, Marburg.

Springer Gabler Verlag (1993): Gabler Wirtschaftslexikon, 13. Auflage, Wiesbaden.

Springer Gabler Verlag (2017): Gabler Wirtschaftslexikon. Sozioökonomie, http://wirtschaftslexikon.gabler.de/Archiv/611744017/soziooekonomie-v2.html, (18.06.2017).

Umweltbundesamt (2015): Deutsches Umweltverfassungsrecht. Staatsziel Umweltschutz, http://www.umweltbundesamt.de/themen/nachhaltigkeit-strategien-internationales/umweltrecht/umweltverfassungsrecht/deutsches-umweltverfassungsrecht, (21.05.2017).

United Nations (2017): World Population Prospects 2017,
https://esa.un.org/unpd/wpp/Download/Standard/Population/,
(26.05.2017).

Waldmann, Jörg (2005): Der Partizipationsgedanke der Agenda 21: Eine
Chance zur Demokratisierung des internationalen Systems?, Tönning/
Lübeck/ Marburg.

Wallmeyer, Gerhard (1996): Der Scheck als Stimmzettel – Ziele und Methoden
des Fundraising, in: Greenpeace (Hrsg.): Das Greenpeace Buch. Reflexionen und Aktionen, München, S. 92-101.

Wicke, Lutz (1993): Umweltökonomie – Eine praxisorientierte Einführung, 4.
Auflage, München.

Zeit Online (2016): Grüne fordern Verankerung des Klimaschutzes im Grundgesetz, http://www.zeit.de/politik/deutschland/2016-01/gruene-klima-
schutz-grundgesetz, (02.07.2017).